障碍者雇用と
企業の持続的成長

―事業における「活用」と「探索」の考察―

亀井省吾〈著〉

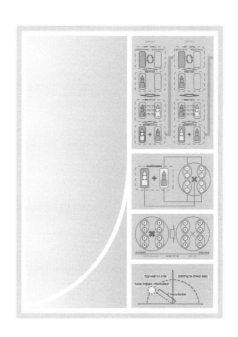

学文社

目　次

第1章　障碍者雇用と企業の持続的成長を考える視座　5
■第1節　背　景 ………………………………………………………… 6
　1.1　障碍者雇用の実態　1.2　企業の寿命　1.3　企業の生存率
■第2節　目　的 ………………………………………………………… 10
　2.1　目　的　2.2　リサーチ・クエスチョン
■第3節　方　法 ………………………………………………………… 12
■第4節　構　成 ………………………………………………………… 14

第2章　知的障碍者活躍現場の工程アーキテクチャ　17
■第1節　仮説の提示 …………………………………………………… 17
　1.1　課題と方法　1.2　先行研究レビュー　1.3　仮説の提示
■第2節　調査と分析 …………………………………………………… 25
　2.1　調査分析方法　2.2　事例1　株式会社スワン　2.3　事例2　株式会社エフピコ　2.4　事例3　日本理化学工業株式会社　2.5　小　括
■第3節　考　察 ………………………………………………………… 43
■第4節　結　論 ………………………………………………………… 45

第3章　知的障碍者活躍現場の身体知移転プロセス　49
■第1節　仮説の構築 …………………………………………………… 50
　1.1　先行研究レビュー　1.2　仮説の提示
■第2節　目　的 ………………………………………………………… 53
■第3節　調査と分析　事例1 ………………………………………… 54
　3.1　方法と手続き　3.2　調査対象企業の概要　3.3　工程分割とPDCAサイクルによる標準化　3.4　加盟店統括マネージャーへのインタビュー　3.5　知的障碍者からの視点　3.6　考　察
■第4節　調査と分析　事例2 ………………………………………… 61
　4.1　方法と手続き　4.2　調査対象企業の概要　4.3　チョーク製造工程

4.4　「はかる」行為についての常識を捨てる　4.5　さらなる工夫と改善
　　　4.6　考　察
　■第5節　総合的な考察とモデル ……………………………………………… 64
　■第6節　結　論 ……………………………………………………………… 66

第4章　紐帯活用とアーキテクチャ・ダイナミクス　69

　■第1節　仮説の構築 ………………………………………………………… 70
　　　1.1　先行研究レビュー　1.2　仮説の構築
　■第2節　課題と方法 ………………………………………………………… 79
　■第3節　調査と分析 ………………………………………………………… 79
　　　3.1　株式会社「もちひこ」について　3.2　浜松フルーツパークにおける商業用テント新規事業　3.3　関係者インタビュー内容　3.4　工程設計変化への対応
　　　3.5　当初からの設計変更
　■第4節　考　察 ……………………………………………………………… 94
　■第5節　結　論 ……………………………………………………………… 97

第5章　紐帯形成誘因としてのソーシャルインパクト情報　103

　■第1節　仮説の構築 ………………………………………………………… 103
　　　1.1　Creating Shared Value　1.2　分析の視角　1.3　仮説の構築
　■第2節　調査と分析 ………………………………………………………… 104
　　　2.1　課題と方法　2.2　調査と分析
　■第3節　考　察 ……………………………………………………………… 109
　■第4節　結　論 ……………………………………………………………… 110

第6章　事業における分化誘因としてのソーシャルインパクト情報　113

　■第1節　仮説の構築 ………………………………………………………… 113
　　　1.1　先行研究レビュー　1.2　分析の視角　1.3　仮説の構築
　■第2節　調査と分析 ………………………………………………………… 115

2.1 課題と方法　2.2 コクヨグループ　2.3 ハートランド株式会社　2.4 インタビュー　2.5 ハートランドの水耕栽培プロセス　2.6 農作物商品化と販売プロセス

■第3節　考　察 …………………………………………………………… 121
■第4節　結　論 …………………………………………………………… 122

第7章　考察—成長を遂げる企業の仕組み—　125
■第1節　振り返り ………………………………………………………… 125
■第2節　障碍者雇用を通じて持続的成長を遂げる企業の「活用」と「探索」
　　　　　……………………………………………………………………… 130

第8章　結論—多様な人材を雇用する企業の持続的成長に向けて—　133

謝　辞　135
索　引　137

第1章
障碍者雇用と企業の持続的成長を考える視座

　持続的成長が可能な組織とは，どのようなものであろうか。地球環境の問題，リーマンショックの反省，日本における3.11以降，至る所で議論がなされる古くて新しい問題であるが，いまだその実態は明らかとされてはいない。いっぽうで，2011年マイケル・ポーターは，社会的課題解決こそがビジネスチャンスであるとのCSV理論を提唱した。社会的課題解決と持続的成長という2つの問題はどう重なり合うのか。かつて企業は個人の志や夢の実現という社会的手段として創案されたことに思いを馳せれば，これら2つの関係性をみることは，すなわち組織あるいは企業の根源的な部分にふれていくことにもつながるものと考えられる。本書は，日本がかかえる社会的課題の1つとされる障碍者雇用の問題と組織の持続的成長に焦点を当てて考察したものである。

　組織の持続的成長を考察するには，組織というシステムの分析視点から，「分化」と「統合」のあり方が，そのシステムをとりまく環境との関わりのなかで，「活用」と「探索」の両立をどう実現していくのかという本源的問いに答えていくことが重要となる。果たして，障碍者がその本来的意味において働く喜びを享受し，組織サイドにおいても福祉的観点ではなく，持続的成長を遂げる為の施策として障碍者雇用を取り入れている状況下における「分化」と「統合」はどのように実現されているのか。また，不確実性が増す世の中において，その「活用」と「探索」の両立は可能なのか。言い換えれば，一見，資源制約的な障碍者雇用の取り組みが，何らかの貢献を果たす可能性はあるのか。

　本書は，障碍者雇用を通じて「分化」と「統合」という特徴を形成する組織構造の構築，その構造を流れる構成員間の情報の受け渡しを通じた組織行動論，ならびに「活用」と「探索」を両立させる戦略論に至る経営学領域を，アーキテクチャ概念，紐帯概念，メタ認知的言語化概念，間身体性概念などの情報学，

現象学ディシプリンにて接近を試みることにより，そのメカニズムを明らかにしようとするものである。

■第1節　背　景
1.1　障碍者雇用の実態

『平成26年度障害者白書』によると，日本の障碍者人口は約788万人となっている。このうち18～64歳の約324万人（内訳：身体障害者111万人，知的障碍者41万人，精神障碍者172万人（20～64歳））が雇用政策の対象となっている。「平成26年障害者雇用状況の集計結果」によると，民間の企業へ一般就労しているのは約43万1000人である（図1-1参照）。2014（平成26）年6月現在では，法定雇用率2.0％に未達成企業数の割合は約55％と過半数を占め（図1-2参照），

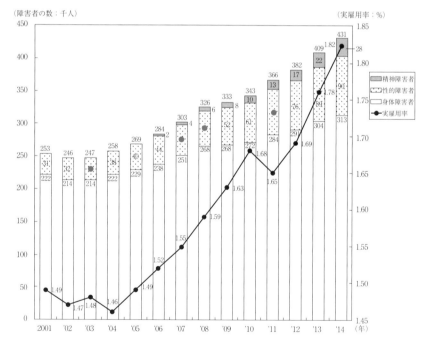

図1-1　民間企業における障碍者雇用状況
出所：厚生労働省「平成26年度障害者雇用状況の集計結果」

企業における障害者雇用率は1.82%と依然法定雇用率に達していない。知的障碍者に至っては，月収1万円程度の福祉施設などで働くケースが多いのが現状である。

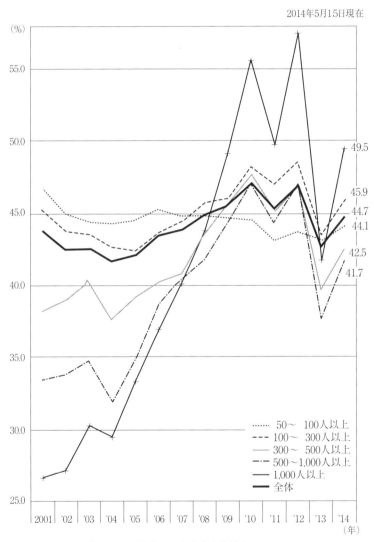

図1-2　民間企業における法定雇用率達成企業割合
出所：厚生労働省「平成26年度障害者雇用の集計結果」

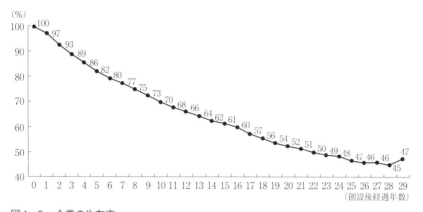

図 1-3　企業の生存率
出所：『中小企業白書2011年版』p.187

　企業サイドに立てば，継続的に利益を創出することで従業員の雇用を維持していく命題に日々立ち向かっており，頭では，また心ではそういった障碍者雇用問題を理解はしても，効率性が落ちる，あるいは日々の業務に支障を来すことで継続的な利益創出に困難を及ぼすおそれがあるとして，そういった取り組みを敬遠しがちな面があるのも事実である。しかしながら，本当にそうなのであろうか。企業のなかには，知的障碍者雇用を実現することで，事業を活発に展開している企業も見受けられる。本書においては，その事例を検証することで，メカニズム解明に迫りたいと考える。

1.2　企業の寿命

　また，知的障碍者雇用を実現し一旦事業を確立したかにみえる企業において，持続的な成長を果たす道筋はあるのであろうか。中小企業庁が発行する『中小企業白書2011年版』によると，1980～2009年に開業して帝国データバンクが登録した企業が一定期間ののちにどれだけ活動を継続しているかという企業の生存率がわかる（図1-3参照）。生存率は起業から10年後に約70％，20年後は約50％に低下する。また，東京商工リサーチの2012年「業歴30年以上の企業倒産」調査からは，2012年に倒産した業歴30年以上の老舗企業は3320件と，前年の3404件より84件減少したものの，倒産件数全体に占める構成比は31.2％と2

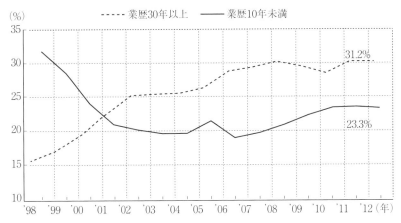

図1-4　業種別企業倒産件数構成比推移
出所：東京商工リサーチ「業歴30年以上の企業倒産」調査，2012年
注：倒産した企業のうち，業歴が判明した企業をもとに算出

年連続で上昇したことがわかる（図1-4参照）。2012年の資本金別では，倒産した老舗企業は，5000万円以上1億円未満の区分で構成比が51.6％（前年49.7％）と最も高く，次いで個人企業ほかの区分で45.7％，1000万円以上5000万円未満の区分で43.9％を占めている。産業別の構成比でみると，老舗企業では製造業が44.8％（前年42.5％）と最も高かった。また，2012年の倒産企業の平均寿命は23.5年としている（図1-5参照）。

1.3　企業の生存率

　企業にも寿命があり，一旦地位を確立したかにみえる老舗企業においても，世の中の変化についていけなければ倒産してしまうことがわかる。特に基盤が脆弱な中小企業においてその傾向は顕著であり，かつ変化の激しい製造業においてその傾向が強いことが読み取れる。いっぽうで，変化が激しく基盤が脆弱と思われ，一般的には特定分野に専門特化せざるを得ない製造業の中小企業区分にありながら，持続的に事業を活発に展開している企業も見受けられる。本書においてはその事例を検証することで，企業における持続的成長メカニズム解明に迫り，知的障碍者雇用企業における持続的成長に欠かせぬ要素とは何かを検証する。

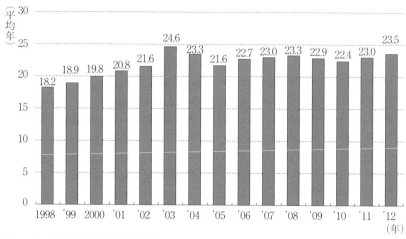

図1-5　倒産企業の平均寿命推移
出所：東京商工リサーチ「業歴30年以上の企業倒産」調査，2012年
注：倒産した企業のうち，業歴が判明した企業をもとに算出

■第2節　目　的

2.1　目　的

　企業における障碍者雇用という社会的問題を解決していくには，従前の福祉的コンテクストばかりではなく，企業自身がそれを通じて事業を構築し，さらには持続的成長を遂げていくことが重要となる。しかしながら，企業におけるその方法論はいまだ確立しておらず，試行錯誤の末の成功事例が先端的に存在するのみである。

　本書においては，障碍者のなかでも重度と判定されるケースが多く，最も雇用がむずかしいといわれている知的障碍者雇用を行うことで事業を発展させている事例から，「**企業が障碍者雇用を通じて持続的成長を遂げていくための要因を一般化し，再現性を高めること**」を目的とする。企業の持続的成長とは既存事業を日々改善するとともに，不確実性のある環境に適応するために新たな事業の種を見つけていく不断の取り組みの末に実現するものである。前者の漸進的取り組みを「活用（exploitation）」，後者の非連続な取り組みを「探索（exploration）」という。つまり，前述の研究目的を達成するためには March, J. G.

(1991)が示した「活用」と「探索」の両立という課題に応えていかねばならない。すなわち，「**障碍者雇用を通じて持続的成長を遂げる企業は，どのように事業の『活用』と『探索』を行い，かつ両者の両立を図っているのか**」が本書全体のリサーチ・クエスチョンとなる。なお，再現性を高めるための一般化において，事業構築にあたり核となるインタンジブルな工程，身体知の移転を対象として，障碍者と健常者とのかかわりを中心にそのメカニズムを解明することで事業における「活用」のあり方を明らかにする。そして新規事業の「探索」について，今日の不確実性に対し，どのような取り組みを行うべきかについて提示したあと，障碍者雇用を通じて持続的成長を遂げる企業における「活用」と「探索」の両立可能性について考究する。

2.2　リサーチ・クエスチョン

本書の目的である「企業が障碍者雇用を通じて持続的成長を遂げていくための要因を一般化し，再現性を高めること」を明らかとするためには，組織の持続的成長に必要とされる事業の「活用」と「探索」の両立（March [1991]）がどのように図られているのかについて応えていく必要がある。

従来「活用」と「探索」は，組織学習の分野で研究されてきている。March（1991）によれば，「活用」が改善・手直し，代替案の比較・選出，標準化，スピードアップ，コスト削減などの漸進的な学習が特徴であるのに対し，「探索」は多様性の追求，リスク負担，実験，アソビの維持，柔軟性の確保などの特徴をもつ活動であり，既存の知識，情報には囚われない急進的な組織学習に結実する可能性を秘める（鈴木修 [2014]）。Levinthal, D.A. and March（1993）によれば，「組織の存続と繁栄」の実現には両者の両立を必要とするが，組織は「探索」よりも「活用」を優先する傾向が強いとし，また Mcgrath, R.G.（2001）は平均志向の「活用」と分散志向の「探索」とは正反対の活動として特徴づけ，両者はトレードオフ関係にあるとしている。いっぽう，Tushman, M.L., Anderson, P.C. and O'Reilly, C.（1997）は，組織の方向性転換を時折行うことにより両者を同時追及できることを「組織の両義性」として示し，鈴木（2014）は「分化」概念の導入により，両者のトレードオフ関係を希薄なものとする検証

を行っている。「分化」(Eldredge, N. and Gould, S. J. [1972]) とは生物学の領域で議論されてきた概念で，新しい種の発生を説明する概念の1つとされ，ある種の個体群が地理的に離れたニッチに隔絶された結果，元の種とは異なる種に進化する過程を意味する（鈴木 [2014]）。Levinthal (1998) は，分化を新しいアプリケーション分野への既存技術の転用と定義し，新しいアプリケーション分野における顧客ニーズや入手可能資源の相違に対応するための，既存技術の「活用」の積み重ねが新しい技術系統を創出するとしている。また，組織構造上の観点から Christensen, C. M. and Bower, J.L. (1996) は，両者のトレードオフ解消には「構造的分離」(structural separation) が有効とし，新規事業を担う「探索」担当の組織と既存事業の効率化をめざす「活用」を担う組織とを分離し干渉を排除する必要性を説いている。

「探索」と「活用」が組織学習上の重要な論点と成り得ているのは両者が限られた組織資源を奪い合う関係にあり，一方に投入された資源を他方へ転用することがむずかしいとされているからである (March [1991])。はたして，現場における資源制約が一層厳しいと予想される障碍者雇用企業において，そのトレードオフはどのように解消しうるのか。つまり，「障碍者雇用を通じて持続的成長を遂げる企業は，どのように事業の『活用』と『探索』を行い，かつ両者の両立を図っているのか」を本書全体のリサーチ・クエスチョンとし明らかにしていく。

■第3節　方　法
　本書では，「企業が障碍者雇用を通じて持続的成長を遂げていくための要因を一般化し，再現性を高めること」を目的として，経営学における「活用」と「探索」概念から，「障碍者雇用を通じて事業構築を遂げる企業は，どのように事業の『活用』と『探索』を行い，かつ両者の両立を図っているのか」というリサーチ・クエスチョンを構築した。本書は，そのリサーチ・クエスチョンに応えるべく，情報学領域からアーキテクチャ概念，紐帯概念とメタ認知的言語化概念，現象学領域から間身体性概念を用い，先行研究レビューから構築した

仮説を，事例におけるインタビューデータなどをもとに検証，考察する5つの研究アプローチを実施している。以下5つの研究方法について各章ごとに示す。

第2章では，知的障碍者雇用を実現することで，事業を活発に展開している企業のメカニズムを，最終製品やサービスを創出する付加価値の源泉となる現場工程に着目し分析した。その工程構築の過程を，3つの企業事例の現場視察ならびにインタビューデータなどより，知的障碍者と健常者がどのような役割を果たすのかという観点からアーキテクチャ概念で記述している。

第3章では，知的障碍者が活躍する生産現場における身体知の移転プロセスを考察した。工程構築現場における健常者と知的障碍者の間身体的な関係性に着目し，メタ認知的言語化概念を用いて記述した。2つの企業事例の現場視察，文献，インタビューデータなどから，相互における身体知の移転をプロセスとして示し，工程アーキテクチャとの整合性を検証した。

第4章では，不確実性を伴う環境下において，持続的成長を遂げるための新規事業創出プロセス変化を紐帯とアーキテクチャ概念の2視点にてダイナミックにとらえていく。知的障碍者活躍企業を含む資源制約に直面しがちな中小企業事例の現場視察ならびにインタビューデータなどの分析から，紐帯の強弱とアーキテクチャ推移を検証した。

第5章では，第4章にて明らかにした企業の新規事業創出プロセスにおける紐帯の動態的変化の端緒となる弱い紐帯形成の誘因として，障碍者雇用というソーシャルインパクト情報が有効であることを，知的障碍者活躍企業を含む2者間における新規事業創造に成功した協業事例の文献，インタビューデータから分析検証した。

第6章では，第5章で示した弱い紐帯形成誘因としてのソーシャルインパクト情報について，大企業の特例子会社が異分野へ進出する事例のインタビューデータなどから，分化という概念をもとに掘り下げ，組織が持続的成長を遂げるために必要な「活用」と「探索」の両立のあり方を提示した。

■第4節　構　成

　本書をリサーチ・クエスチョンに基づいて概観すると，第一に第2章において，障碍者雇用を通じて事業を構築する「活用」について工程に着目し論じている。先行研究ではChristensen and Bower（1996）が組織における「構造的分離」に言及しているが，資源制約があると思われる障碍者雇用現場の構造はどのようなものかを明らかにしている。第二に，第3章において第2章で明らかにした構造をドライブするインタンジブルな仕組みはどのようなものかを提示している。第三に，第4章において，企業の持続的成長に必要とされる「探索」についてTushman, Anderson and O'reilly（1997）で述べられている組織の方向性転換がどのようになされているのか，その仕組みを提示している。第四に，第5章と第6章にて，第4章で述べた仕組みの端緒となるものが何か，つまり鈴木（2014），Levinthal（1998）で述べられている「分化」をもたらす起点について考察している。以下，各章の構成について詳述する。

　第2章では，知的障碍者が活躍する現場工程をアーキテクチャ概念にて記述，考察した。その工程構築の過程をアーキテクチャ概念で記述し，重層的に構造化することで付加価値と効率性が同時実現する仕組みの一般化を図っている。なお，重層的工程アーキテクチャの工程アーキテクチャ・マトリックスを作成し，その効用を明らかにすることで，最終製品やサービスの顧客志向性による最適な重層的構造の差異を示している。

　第3章では，現場工程における知的障碍者と健常者間の身体知移転のあり方について分析，考察している。工程構築現場における健常者と知的障碍者の間身体的な関係性に着目し，メタ認知的言語化概念を用いて記述した。相互における身体知の移転をプロセスとして示し，工程アーキテクチャとの整合性を検証した。

　第4章では，企業が不確実な外部環境下において持続的成長を図るための組織間事業創造のあり方を，紐帯とアーキテクチャのダイナミクスとして分析，考察した。知的障碍者活用企業を含む資源制約に直面しがちな中小企業事例の分析から，新規事業創出プロセスにおいて，紐帯の強弱とアーキテクチャが段

階的に推移することを示唆している。2つの概念を，ダイナミクスのなかで連続的な変化として考察することで，紐帯とアーキテクチャの同期循環プロセスとして提示している。

第5章では，第4章で示したダイナミクスの出発点となる弱い紐帯形成の誘因として，障碍者雇用というソーシャルインパクト情報が有効であることを検証し，企業におけるイノベーション探索プロセスにおける1つのコンテクストを示唆している。

第6章では，第5章で示した弱い紐帯形成誘因としてのソーシャルインパクト情報について，分化という概念をもとに掘り下げ，組織が持続的成長を遂げるために必要な「活用」と「探索」の両立のあり方を提示した。

第7章では，各章の内容を振り返り全体のまとめを行ったあと，本書全体のリサーチ・クエスチョンである事業における「活用」と「探索」の両立について考究し，第8章で結論と課題を述べている。

■引用・参考文献一覧■
1. 内閣府『平成26年度障害者白書』pp.27-30.
2. 厚生労働省「平成26年度障害者雇用の集計結果」.
3. 中小企業庁『中小企業白書2011年版』p.187.
4. 東京商工リサーチ（2012）「業歴30年以上の企業倒産」調査．
   http://www.tsr-net.co.jp/news/analysis/20130308_03.html（2013.12.27入手）
5. March, J.G. (1991) Exploration and Exploitation in Organizational Learning, *Organization Science*, 2(1), pp.71-87.
6. 鈴木修（2014）「『活用』と『探索』のトレードオフ関係の解消条件に関する考察―製薬産業を題材にした実証分析」『日本経営学会誌』Vol.33, pp.73-87.
7. Levinthal, D. A. and March, J. G. (1993) The myopia of learning, *Strategic Management Journal*, 14, pp.95-112.
8. McGrath, R.G.(2001) Exploratory Learning, Innovative Capacity, and Managerial oversight, *Academy of Management Journal*, 44(1), pp.118-131.
9. Tushman, M.L., Anderson, P.C. and O'Reilly, C. (1997) Technology Cycles, Innovation Streams, and ambidextrous Organizations: Organization Renewal through Innovation Streams and Strategic Change, In Tushman, M. L. and

Anderson, P.C. (Eds.), *Managing Strategic Innovation and Change*, pp.3-23, New York, NY: Oxford University Press.
10. Eldredge, N. and Gould, S.J. (1972) Punctuated equilibria: An alternative to phyletic gradualism, In Schopt, T.J. (Eds.), *Models in Paleobiology*, pp.82-115, San Francisco, CA: Freeman Cooper &Co.
11. Levinthal, D.A. (1998) The slow pace of rapid technological change: Gradualism and punctuation in technological change, *Industrial and Corporate Change*, 7(2), pp.217-248.
12. Cristensen, C.M. and Bower, J.L. (1996) Customer power, strategic investment, and the failure of leading firms, *Strategic Management Journal*, 17(3), pp.197-218.

第2章
知的障碍者活躍現場の工程アーキテクチャ

　この章では，知的障碍者が活躍する工程現場の工程アーキテクチャとはどのようなものかについて考察する。知的障碍者雇用を実施することで成長を遂げている企業3社に着目し，分析を行う。結果として，その工程アーキテクチャは知的障碍者が構築するモジュラープロセスと健常者が構築するインテグラルプロセスの二重構造を呈していること，つまり「外インテグラル，中モジュラー」の重層的構造をなしていることを提示している。

　なお，本章では，製品アーキテクチャにおける戦略的ポジショニング・ポートフォリオマップをもとに作成した，重層的工程アーキテクチャの効用を示す工程アーキテクチャ・マトリックスを示している。このマトリックスに照らし各企業の工程アーキテクチャを分析した結果，当該企業の工程アーキテクチャは，最終製品やサービスにおける顧客志向性に，その構造を適合させていることを明らかにした。

■第1節　仮説の提示
1.1　課題と方法

　本研究の課題は，知的障碍者と健常者がどのような役割を担い働くことで利益創出することが可能となり，顧客志向に沿った成果物を産出することができるのかを，工程における共通点と差異点を明確にしつつアーキテクチャにて記述すること，ならびにアーキテクチャ概念における重層性の効用は，先行論文において製品構造においては明示されているものの，工程においては明示されていないことから，いかにその効用を示すかという2点である。

　方法としては，障碍者と企業を扱うCSR関連からアーキテクチャに至る先行研究レビューを行い，仮説を提示する。そして，その仮説検証を，知的障碍

者活用に成功している事例から，そのものづくり工程におけるメカニズム解明を行い，アーキテクチャ概念にてデザイン記述することで行っている。また，事例分析については，知的障碍者の働く工場，店舗などの視察と経営者や工程立ち上げ責任者へのインタビューを通じ，時系列の変化ならびに環境条件への適応に主眼を置きつつ実施している。

1.2 先行研究レビュー

1.2.1 CSP が CFP に与える影響要因　社会的課題解決と企業の関わりにおいては，CSR（Corporate Social Responsibility）が1つの目安となって進んできている。藤井敏彦（2005）では，CSR というと環境問題に重きを置きがちな日本企業とは異なり，欧州企業は，社会問題，特に失業者や発展途上国からの労働者の人権に関わる労働問題を機軸に据えることが多いとする。それらの問題は，もはや政府の力だけでは解決できない状態であり，法律上，契約上の義務を上回る社会貢献への自主性を企業が有し，同時にそれを業務の一部として取り込まないかぎり，社会の持続的発展は望めないという危機意識が欧州企業にはある。この点が，本来の業務とは切り離したフィランソロピーによって CSR を実現しようとしている米国企業との決定的な差異であると指摘している。日本においても財政などの逼迫が叫ばれる現在，欧州型の法律上，契約上の義務を上回る社会貢献への自主性を企業が有し，同時にそれを業務の一部として取り込んでいく姿勢が求められている。

業務の一環として取り組むことによる企業収益との関係性については，企業の社会的貢献に関する非財務指標データである CSP（Corporate Social Performance）と企業の財務指標データなどで表わされる CFP（Corporate Financial Performance）における先行研究がなされている。なかでも，Pava, M.L. and Krausz, J.（1995）では，過去30年間にわたる SRI の実証研究に検討を加えるとともに，1985～1991年における実証研究の成果を提示している。彼らは1970～1992年までの公表された SRI に関する研究を検討の対象にし，その結果，「これまでの我々の研究結果に基づき，また，より長い期間にわたって別のサンプルを用いて検証したほかの研究で確認する限り，企業の社会的責任目

標の意識的な追及は，より優れた財務的パフォーマンスにつながり得るという説明がより説得力がある」と述べている。(長谷川直哉 [2004]) しかしながら，逆に CFP が高い企業は財務的に余裕があるので，CSP に力を入れることができ，その為 CSP が高くなるという仮説に基づく検証からの批判もある。

CSP が CFP に与える影響の分析は，このようにこれまでいくつも行われてきたが，その背後にあるロジック，つまり CSP を構成する社会貢献的要因がなぜ企業価値の向上に結び付くのかということに対する考え方は未だ明確になっていない。この分野へのチャレンジとしては，欧州の CSR に関する企業間ネットワークである CSR Europe が，社会貢献要因が企業価値向上につながるパスとして，Sustainable Value EABIS Research Project のなかで Value-Creation Framework[1]を提唱している（企業価値分析における ESG 要因研究会 [2010]）。このなかで，社会的責任に関連した方針や取り組みが企業価値向上につながるパスとして，イノベーション要因があげられている。イノベーション要因として，オペレーションの変化による新プロセス開発があげられ，それにより成長機会増大などの収入関連の成果やオペレーションの効率化などのコスト関連の成果が得られるとしている。

以上の CSR 関連先行研究からは，社会貢献要因が企業収益向上につながるメカニズムについて，より踏み込んだ明示的な説明は見当たらなく，障碍者活用というミクロ問題についてもふれられていない。

1.2.2 障碍者活用における企業収益向上要因

障碍者雇用を通じて企業収益を向上させるメカニズムについての先行研究は，小林秀司（2011）が該当する。企業における障碍者雇用の効用について小林以前の論文では，コンプライアンスという従来の視点を超えて企業価値を高めていくための経営戦略として，障碍者雇用を位置づけている企業の存在が確認されているということ，そして，障碍者雇用をきっかけとして社内のコミュニケーションの活性化や，問題解決能力の向上などにプラスの影響が及んでいることが指摘されるにとどまっているとし，「第一に，障がい者雇用を契機に業績が向上した企業の共通点，特徴を明らかにする。第二に，なぜ業績が良くなるのかということについ

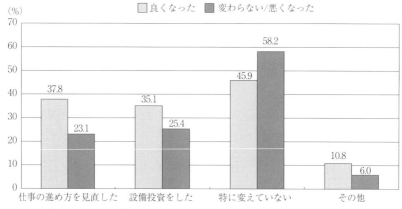
図 2-1　障がい者雇用を始めてからの業績
出所：小林（2011）

てその理由を明らかにする。第三に、障がい者雇用を成功させるために重視しなければならない事項は何かということについて明らかにする」ことを目的に207社のアンケートと6社の事例研究を実施している。本アンケートの特徴は、企業における障碍者雇用をはじめてからの業績向上との相関に的を絞っている点であり、業績が良かったゆえに障碍者雇用を進展できるのでないかという批判に答える内容となっている点である。アンケート結果では、企業における障碍者雇用をはじめてからの業績向上との相関性についての明快な知見は得られていないが、障碍者雇用をはじめてからの業績と社内体制のクロス分析のなかで、仕事の進め方の見直しを行った企業、ならびに必要な設備投資をした企業について、相関性が高い傾向がみられるとしている（図2-1参照）。

小林（2011）ではまとめとして、「障がい者雇用を始めてから業績が良くなった企業は、障がい者雇用を契機に仕事の進め方の見直しや必要な設備投資を行っている割合が高い」と述べている。

1.2.3　ものづくりにみるアーキテクチャ　　藤本隆宏・桑嶋健一（2009）によると、人工物分析の全体像のなかで、アーキテクチャとは、設計情報の抽象的・形式的側面のことをさす。すなわち、ある人工物の設計情報から、具体的な因果関係である固有技術を捨象し、設計要素間の形式的な対応関係のみに着

目するのがアーキテクチャという概念であるとしている。人工物の設計情報を，設計要素間の結合関係（グラフ構造）として抽象的・形式的に示すのが，アーキテクチャという概念である。設計要素の結合形式を示すのがアーキテクチャであるならば，それはあらゆる人工物（設計されたもの）に関して定義可能である。製品も工程も人工物であるから，それぞれについて，製品アーキテクチャ，工程アーキテクチャを定義できる。所与の製品アーキテクチャは，当該製品の機能設計要素群と構造設計要素群の間の形式的な対応関係を示す。いっぽう，また工程も人工物であるから，所与の工程の機能要素群と構造要素群の間の形式的な対応関係を示す。工程のもつ機能とは，直接的には製品構造の実現（設計・情報転写），間接的には製品機能の実現であるから，工程アーキテクチャとは直接的には工程要素と製品構造要素，間接的には工程要素と製品機能要素の対応関係を示すとしている。

　アーキテクチャの形態としてインテグラル型（擦り合わせ型）とモジュラー型（組み合わせ型）があるが，Ulrich, K. (1995) は，製品アーキテクチャとして，「機能体系のなかで機能要素と部材が一対一対応しているもの」をモジュラーアーキテクチャ，「機能要素と部材が一対一対応でなく複雑な対応をもっているもの」をインテグラルアーキテクチャと分類した（中田行彦 [2010]）。

　また，アーキテクチャにおける重層的構造は製品アーキテクチャにおいて述べられている。製品アーキテクチャの中外構造の典型の1つは，藤本・桑嶋 (2009) によると，半導体産業にみられる。たとえばパソコンという製品システムは，ハードディスク，メモリ，モニタなど機能的に独立した構成要素群（モジュラー）に分解されて，それらの間がルール化されたインターフェイスにつながれているという意味で，モジュラー化戦略が積極的に採用されている例である。たとえば，インテルチップのようなMPUは，パソコンから，つまり外アーキテクチャからみるとモジュラーであるが，MPU自体は中身が複雑化されているインテグラル構造といえる。よって，各部品の組合せ商品としてのパソコン自体は効率性が追求された商品となっているが，MPU自体は，心臓

部品として中身はブラックボックス化されているインテグラル商品であるため付加価値が高い。

　富田純一・高井紘一朗（2008）のアサヒビール「スーパードライ」における分析では、アーキテクチャの分析枠組みを、プロセス産業の1つであるビール産業に適用する試みが行われている。ビールの製造工程アーキテクチャは以下の手順で記述されている。富田・高井（2008）はまず、ビールの製品特性を4つあげ、その特性をアーキテクチャの観点から検討を試みている。このようなプロセス製品の場合、狙った機能を実現する内部構造が一部分不可解な状況も多いことから、製品の内部構造を完全に設計することは困難で、設計作業の大部分は工程設計に費やされる。すなわち、プロセス産業の場合、通常のものづくり産業における製品アーキテクチャが製品機能─製品構造の対応関係に応じて定義されるのに対し、工程アーキテクチャにおいては、製品機能─生産工程の対応関係として示されると述べている。なお、ビールの製造工程については、製麦からろ過に至るまでの上流・下流工程間のきめ細かい醸造条件の相互調整により、狙った品質を実現していく必要があることから、その生産工程は、インテグラル（擦り合わせ）型のアーキテクチャを特徴としていると結論づけている。その際、ビールの要求機能を、人が直接に評価・測定する味感などの「官能特性」と物理・化学的な測定値に置き換えられる「代用特性」に大別し、それらの要求機能に対し、原料・仕込み・発酵・貯酒・ろ過などの諸工程の醸造条件が合わせ込まれ、その間の対応関係を表わすものが工程アーキテクチャとしている。

　田路則子（2005）によると、アーキテクチュラル・イノベーションの概念は、Henderson, R.M. and Clark, K.B.（1990）が、製品を構成する要素間の連結方法、つまりアーキテクチャの変化に着目したことにより生まれたとし、ある製品システムは、たとえばA，B，C，Dの構成要素に分解でき、A，B，C，Dはそれぞれ独立した構成要素としての機能を果たすためのコンポーネント知識を持っているとしている。A，B，C，D間は、製品システムが正しく機能を果たすように、構成要素間を相互依存的に連結するアーキテクチャを保有

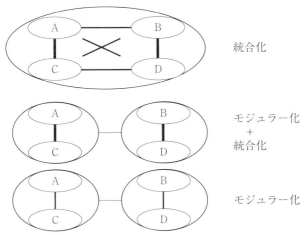

図2-2　インテグラルからモジュラーへの変遷
出所：藤本隆宏・武石彰・青島矢一（2001）

する。図2-2で示すように，統合化段階においてはそれぞれが相互依存関係にあるのに対し，モジュラー化＋統合化段階では，AとC，BとDの2つに集約し統合している。アーキテクチュラル・イノベーションとはこのように，構成要素の連結が変わることをいうとしている。Henderson and Clark（1990）によると，製品のアーキテクチャとは，製品の構成要素とそれらの連結で決まるものであり，構成要素間の連結を変化させることは非常に困難を伴うものとして，これをアーキテクチュラル・イノベーションと名付けた（田路［2005］）。実際には図2-2のとおり，統合化段階のインテグラル状態からモジュラー化＋統合化段階へのアーキテクチュラル・イノベーションは，4つの要素の統合状態から，2つずつの要素の相互依存状態を保ったままでの，つまりA-C，B-Dでは相互依存が強い状態で2つに分割され，その後，A-C間，B-D間の相互依存も弱まりモジュラー化が完成するという経過をたどると考えられる。

　藤本（2009）によると，工程アーキテクチャは生産費用，調整費用などの競争パフォーマンスという被説明変数に対し，顧客選好，社会的制約，技術的制約などの環境条件という説明変数に応じ，選択決定される。たとえば，顧客の選好に焦点を絞った場合，顧客が払ってもよい価格と平均費用により選択され

るアーキテクチャは，インテグラル，モジュラー，その中間のなかで決まるとしている。

1.2.4　課題抽出　先行研究から知的障碍者雇用による企業収益向上につながる要因として推論できるものとして Value-Creation Framework からは，オペレーションの変化による新プロセス開発等のイノベーション要因があげられていた。また，小林（2011）からは，仕事の進め方の見直しや必要な設備投資があげられている。まとめると，知的障碍者を活用するにあたり，企業はものづくり工程において，細分化，単純作業化などの仕事の見直し（オペレーション変化）や必要な設備投資を行うことで，プロセスの開発を実施し付加価値の実現を図ったのではないかということになる。

本章では，障碍者雇用という，アーキテクチャ概念にこれまで記述されてこなかった分野への適用を行う。先行研究では，アーキテクチャ概念におけるモジュラー，インテグラルの重層的構造の効用は主に製品アーキテクチャにおいて述べられており，工程における重層化の効用は直接的には明示されていない。富田・高井（2008）で述べられているアサヒスーパードライのプロセス型産業における工程アーキテクチャの研究においても，そのアーキテクチャをインテグラルとし，重層的構造にはふれていない。本章では，知的障碍者活用に成功している現場に共通する工程デザインの重層的アーキテクチャとその効用を考察したうえで，その重層的構造の変化を要素と要素の結びつきの変化を動態的に表わしたアーキテクチュラル・イノベーションにて表現し，藤本（2009）における環境条件への適応について適用することで，各現場における工程デザインの差異を考察する。

1.3　仮説の提示

企業，特に複雑な製造工程をもつものづくり企業においては，知的障碍者雇用を行うことにより，どのような工程改善が進められているのか。さらに知的障碍者がどのように活用され，結果として付加価値実現による収益化が進められているのか。その工程メカニズムを，アーキテクチャ概念を用いて記述することにより，解明していくこととする。

国領二郎（2006）は，「そもそもアーキテクチャが必要になるのは，人間の認知限界から，大規模なシステム開発に伴う膨大な要素間の相互依存性を全て認知することが不可能だからだ」と述べる。そこで，モジュールの役割分担を定め，モジュール連携をデザインするアーキテクトとモジュール内部をデザインするプログラマにより，認知限界を突破しようとするのがアーキテクチャである（国領［2006］，Brooks, F.P.Jr.［1995］）。

　知的障碍者を活用し，高付加価値商品を効率よく生産する工程の構築は，健常者のインテグラル工程と障碍者のモジュラー工程が，前述のアーキテクトとプログラマのような役割にて重層的に構成されているのではないかとの仮説をもった。アーキテクチャにてその重層的構造が，どのような工程デザインとして描かれるのかを考察していく。また，その工程における重層的構造は，最終的なアウトプットである製品やサービスへの顧客志向性において，品質重視の場合はインテグラル傾向に，価格重視の場合はモジュラー傾向になるとの仮設を設定し，その重層的なアーキテクチャがどのように移行するのかを考察する。以上から，本研究においては，以下２つの仮説を設定した。

---

①知的障碍者雇用に成功している工程アーキテクチャの共通点は，障碍者の働く単純化，細分化されたモジュラー工程と，健常者の働くインテグラル工程が重層的に組み合わせられることで，効率化と高付加価値化が同時実現している。

②工程アーキテクチャは，その製品やサービスへの顧客志向性が品質重視ではインテグラルに，価格重視ではモジュラーに移行する。

■第2節　調査と分析

2.1　調査分析方法

　実際のものづくり企業における知的障碍者活用事例３つを先端研究事例とし，その工程デザインをモジュラーとインテグラルのアーキテクチャ概念にて記述し仮説を検証する。調査分析手順として，①まず各事例の工程現場を要約，②次にその工程のアーキテクチャを考察する。その際，知的障碍者の工程と全体

工程がどのようなアーキテクチャとして構成されているのかについて着目。また，健常者のみの工程からどのような変化があったのかアーキテクチュラル・イノベーションの観点から動態的流れを追う。③そして，各事例のアーキテクチャ分類を試み，共通項を抜き出すとともに，顧客志向性という環境条件との関係性について差異分析を行う。

2.2 事例1 株式会社スワン

2.2.1 パン製造工程における知的障碍者活用について

（1）スワンベーカリーについて　スワンベーカリーをチェーン展開する株式会社スワンは，1998年6月に設立，資本金2億円。「クロネコヤマトの宅急便」を開発したヤマト運輸（株）元社長の故小倉昌男は，1993年にヤマト福祉財団を設立。スワンは，その財団の支援のもとでつくられた株式会社であり，2001年にヤマト運輸の特例子会社となる。スワンは，銀座にスワンベーカリー1号店を開店したあと，2013年3月時点にて直営店3店，フランチャイズ店24店を擁するベーカリーチェーンである。チェーン全体の社員約500名の内，約300人が障碍者であり，知的障碍者が約70％を占める。業績は，2013年3月時点にて確認できる範囲で，店舗と本部を合わせた全社ベースで売上5～6億円，経常黒字基調。ここ数年はフランチャイズ増加が一段落したため，売上横ばいとなっているものの，2006～2009年まで連続増収。競合が激しい当業界にあって4期連続増収を達成したうえで，かつ経常黒字基調を確保している。店に並ぶパンの種類も50種類近くに及び，値段は1つ平均200～300円程度と，コンビニのパンよりやや価格が高く，昼食の客単価平均は，800～1000円程度と推測される。

　以下は，銀座店の入る銀座2丁目のスワン本社にて実施した加盟店統括マネージャー原宏光へのインタビューを要約したものである（インタビューは2012/4/4，13:00～15:00；2012/9/19，13:00～15:00；2012/11/9，13:30～15:00の計3回にわたり，一対一の対面にて実施）。原はタカキベーカリーにて3年程営業を経験したあと，タカキベーカリーの社員として，小倉が主導していたスワンプロジェクトに関わり，1998年1号直営店となる銀座店の立ち上げから広島県三

原市の4号店の立ち上げを経験したあと，2001年に直営店である赤坂店の立ち上げ時より入社したスワンプロジェクトの立役者である。

(2) 工程分割　パンの製造工程は通常，粉からの非常に複雑な工程となっており，本来はパン職人の経験値がものをいう熟練仕事である。それを大きく改善したのが，(株)タカキベーカリーの開発したパンの冷凍生地である。小倉は，タカキベーカリー社長である高木誠一（1996年当時）との面談後，実際に自分で試し，これであれば障碍者にもつくれるのではないかという確信をもった。しかしながら，この生地の開発により，粉からの製造工程は省けるものの，いまだ商用のパンができるまでには，パン職人が営むいくつもの工程が必要であった。このすべての工程を知的障碍者が作業を行えるようにするには，より分業単純化が必要であった。

タカキベーカリーからの冷凍生地導入により，冷凍生地を解凍することからスタートできることとなったスワンのパンづくりは銀座店の立ち上げから始まる。原らはまず，その全体4時間に及ぶ作業工程を大きく4つの工程に分けた。形ができていない小麦，イースト，水，塩からできた冷凍生地を基本的には解凍，成型，ホイロ（二次発酵），焼成の4工程に分割し，パンに仕上げていく（図2-3参照）。

(3) 工程におけるPDCAサイクルの繰り返し　その細分化した工程においてPDCAサイクルを反復する。このPDCAが特徴であるが，このシステムが軌道に乗るには，マネージャー，健常者，障碍者協働での繰り返し過程があった。原は，知的障碍者の活用について，小学校中学年の体育会組織に喩えていう。それぞれの特性に応じてまず1カ所を任せる。そして熟練してもらう。たとえば，解凍して成型する際に，片手で捏ねていたものが両手が使えるようになる。また10回捏ねていたものが5回でできるようになりパンの生地を傷めないようになったなど，その細分化された分業工程における熟練工となるのである。また，「一歩早くなる」という表現にて，次に何をするかを徹底的に習慣づけることが重要という。障碍者に各工程の熟練工になってもらうべく，各工程のマニュアルに従い作業をしてもらうのだが，開業当初は，銀座店舗の失

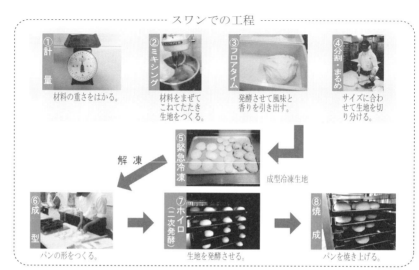

図2-3 パン製造工程図
出所：スワン提供資料を筆者加工

敗パンは約200個にも及んだという。その失敗パンの山を前に，各分業工程のどこに原因があるのかを，1工程ずつ検証していく作業を繰り返した結果，失敗パンは半年で50個にまで減らすことができたという。原は，「改善にはPDCAサイクルにおいて失敗から学ぶ経験が最も効く」という。各工程の検証作業を繰り返す，その過程こそが標準化への道であった。失敗しても決して障碍者のせいにはせず，誤魔化しの効かない相手とパン製造プロセス標準化へ向け，真剣勝負の日々であったという。

(4) **標準化への道程**　今でこそマネージャーは監督の役割を果たしているが，当初は，各工程に健常者も入り混じりながら，4工程のどこで，失敗パンができるのかを判定した。たとえば，先ほどのパンを成型する作業においても，5回という標準化を行っても，ギュッギュと固めすぎているから焼き上がったパンが少し硬い，次に焼きあとがつかない原因は何かと一つひとつの原因解明を繰り返し，標準化を行っていった。また，その過程において，失敗は頼んだ健常者の責任であることが徹底された。最終的には，水の付け方や砂糖の加え方が違う50種類のパンについて標準化が施され，現状では，各店舗でどの種類

図2-4 竹ひごによる枠と作業の様子
出所：スワン提供資料

のパンを何個つくるかという製造指令書に基づき工程表が作成され，細かく同時並行的に作業が流れるようになっている。

また各工程における工夫がほどこされた。たとえば，成型工程においては，生地を天板に並べる時に均等に並ぶように竹ひごによる枠を設けた（図2-4参照）。

月ごとにアイテムの変更が行われる50種類に及ぶパンの形，色については，色紙による模型見本がつくられた。成型のときの生地の高さがわかるように模型の膨らみも重視された。また，パンの種類の認識には，色つきカードが使用された。たとえば，ハイジの白パン[2]は赤のカードといった具合である。

現在では，その標準化ノウハウを図2-5のようなマニュアルに落し込もうとしている。PDCAが暗黙知から形式知への変換作業となる日々であり，障碍者という誤魔化しの効かない相手とのパンづくりプロセスが，最終的には成果物として消費者に受け入れられるかどうかという真剣勝負のなかで，マネージャーをはじめとした健常者は鍛えられたという。そのマニュアルにおいても風船の絵を用いてパンの膨らむ様子を表現するなど，誰にでも知識が正確に伝わる工夫が施されている。

2.2.2 パン製造工程のアーキテクチャ　　パン製造工程のアーキテクチャについて，富田・高井（2008）にならい分析する。

第2章　知的障碍者活躍現場の工程アーキテクチャ　29

パンのおはなし②

パンのおいしさの秘密は、作り方はもちろんですが、「どれだけおいしいパンを食べてもらいたい」と思って心をこめてつくれたかどうかです。

④パンのひみつ　～パンはどうしてふくらむの？～

小麦粉に、水をくわえてよくこねると、小麦粉の中の栄養が変化して、グルテンというものができます。パン生地の中で、酵母が作り出したガスが、グルテンを風船のように押し広げて、パンがふくらみます。

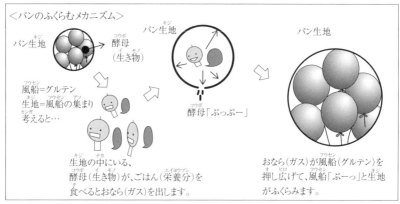

図2-5　知的障碍者向けマニュアル（未完成版）
出所：スワン提供資料

(1) パンの製品特性　　パンの工程アーキテクチャについて分析する前に、パンの製品特性についてみておく。パンの製品特性として、以下の4点を指摘する。

①製品の構造はやや複雑
　パンは、形状や種類が豊富である。
②ニーズはほぼ明確
　いずれもニーズは見た目を含めたおいしさという消費者趣向に統一されている。機能は定量的な尺度で測定できないものの、その歴史から見た目、食感含め、消費者のニーズ自体はほぼ万国共通である。
③製品構造と機能（特性）の関係は不明確
　要求機能はほぼ特定できるが、製造者は、それをどのような成分で配合ミキシングするかがわかる程度で、どの程度の発酵時間をおくか、どのような捏

ね方をするか，どの程度の焼成時間をおくか，要求機能を実現する工程は繰り返し作業のなかで特定されていくしかないのが現状である。スワンの事例においても，当初の失敗パンが200個であったのに対し，試行錯誤の結果，半年後には50個に減少している。工程が実現された以降は，製品の要求機能から製法へ，ほぼダイレクトに技術転写が行われ，製品設計と工程開発が分離不可分な一体プロセスとして同時に進展していく（富田・高井[2008]）。

④製造技術は成熟

パンの製造技術は長年の積み重ねにより成熟しており，新製品開発に関して新たに生産設備を改良・開発するケースはほとんどない。だたし，パンの種類が増えるごとに，スケールは小さいものの，発酵時間，捏ねる回数の調整など工程における微妙な調整が必要となり，これはまた上記③と同じ工程確立過程が必要となる。

(2) **プロセス工程のアーキテクチャ**　こうしたパンの製品特性をアーキテクチャの観点から考察する。パンの場合は，見た目，食感などの要求機能が確定しても，それを実現するには内容成分のみでは解決しない。つまりこのようなプロセス製品の場合，製品の構造設計のみでは要求機能が満たされない。そのため，結果として機能設計から工程設計に，紙や人という媒体を通じて直接転写される傾向がある。すなわち，製品アーキテクチャが製品機能―製品構造の対応関係に応じて定義されるのに対し，ここでいう工程アーキテクチャは製品機能―生産工程の対応関係を示す（富田・高井[2008]）。

(3) **パンの生産工程**　この工程アーキテクチャという考え方を念頭に置きつつパンの生産工程を考察する。スワンにおけるパンの生産工程は前述のとおり大きく解凍，成型，ホイロ（二次発酵），焼成の4工程に分かれる。

(4) **パンの工程アーキテクチャ**　実際のパン生産工程と製品機能との対応関係はどのようになっているのか。パンの要求機能は富田・高井（2008）におけるビールと同様，感性（五感）に訴える主観的なものであり，それは人が直接に評価・測定する「官能特性（味感，食感，香味）」と，物理，化学的な測定値に置き換えられる「代用特性（色度，外観発酵度，ふくらみ）」などに大別される。これらの要求機能に対して，解凍，成型，二次発酵，焼成の諸工程が合

表2-1　要求機能と工程との対応関係

工程＼機能	官能特性	代用特性		
		色度	外観発酵度	ふくらみ
解凍	○	○	○	○
成型	○	○	○	○
ホイロ(二次発酵)	○	○	○	○
焼成	○	○	○	○

出所：亀井（2013）

　わせこまれ，その間の対応関係を示すのがパンの工程アーキテクチャである。つまり，パンに要求される機能は，人が直接にしか評価できない味感，食感，香味などの官能特性と，客観的に評価可能な代用特性の両方が満たされることを必要とする。言い換えると，その2つの特性が満たされたときに初めて人の感性に訴える商品となる。その官能特性と代用特性という機能を満たすために，各工程がどのように対応しているのかを表したのが表2-1である。たとえば，味感，食感，香味などの官能特性という機能は，解凍，成型，ホイロ（二次発酵），焼成のすべての工程と対応関係にある。すなわち，4つの工程すべてがきちんと作動しなければ，おいしいと感じる味，食べ心地，おいしい匂いなどの官能特性という機能は満たせないことを示している。

　表2-1のとおり，機能と工程の対応関係は，要求される機能に対しすべての工程が対応している。パンの生産工程はすべての代用特性や官能特性に関し，解凍から焼成まで一連工程の綿密な相互調整が求められ，全体としては典型的なインテグラル（擦り合わせ）型の工程アーキテクチャを有しているといえる。たとえば，パンで最重要とされる官能特性である味感は，解凍時間，成型における手ごね回数，ホイロ（二次発酵），焼成温度などの工程パラメータにより微妙に変化する。スワンの現在工程は，これらの工程パラメータを何回もの失敗を重ねて最適化，標準化したものである。また，パンならではの生産工程の特徴として，成型における小麦粉に水を加えて捏ねる際，酵母がグルテンを押し広げて最適の膨らみを出すため，つまり酵母の発酵を適度に促すために，捏ねる回数，力の入れ方などが重要となることがあげられ，こうした生きた酵母

を相手に，いかに品質の標準化を図るかが最も基本的な生産課題となる。

　以上みてきたように，パンのものづくりにおいても，富田・高井（2008）にて述べられているとおり，第一に要求機能達成のために工程間できめ細かい設計パラメータの相互調整が必要となり，第二に実際の生産においても工程間で連携してバラツキ（設計値からの乖離）を抑え込む一貫品質管理が必要となる。この2つの観察事実から，パンの生産工程は，インテグラル（擦り合わせ）の工程アーキテクチャを有しているといえる。

2.2.3　アーキテクチュラル・イノベーション

(1) 工程のモジュラー化と外インテグラル，中モジュラー構造化へのイノベーション

全体のパン製造工程自体はこれまでみてきたとおり，典型的なインテグラルの様相を呈している。しかしながら，機能と工程が多対多となり入り組んだものとなっていては，知的障碍者は対応できない。そもそもパン職人が見習いからはじめ，おいしいパンを創る一人前の職人になるには時間を要した所以の工程がそこにはある。そこで，スワンでは，工程自体を大きな塊4つに分割した。この塊分割をここでは，モジュラー化あるいはモジュール化と呼ぶ。しかしながら，4工程に分割した段階においても，機能と工程はインテグラルとなっており複雑である。そこで，4工程の一つひとつのモジュラー工程についてはサブシステムとして知的障碍者が繰り返し作業を行い，全体システムからみたインテグラル（擦り合わせ）工程は健常者であるマネージャーなどが行うという，工程アーキテクチャにおいて全体（外）インテグラル，部分（中）モジュラー構造を取ったと解釈される。

　つまり，知的障碍者はモジュラー内の繰り返し工程で熟練工になる一方，健常者はモジュラーとモジュラーの擦り合わせを受けもつという多能工の役割を担っていくこととなる。全体の擦り合わせであるPDCAサイクルにより，各モジュラーの標準化が行われた。たとえば，成型工程における5回にぎりなどがそれにあたる。知的障碍者は，全体の擦り合わせの過程における標準化において，各モジュラーにおける繰り返し作業を行い，熟練化，たとえば成型工程における両手にぎりなどができるようになっていった。PDCAの繰り返しに

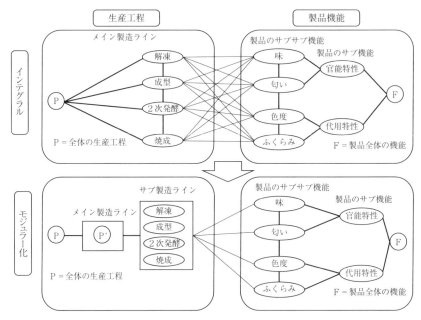

図2-6 スワンにおけるアーキテクチュラル・イノベーション
出所:亀井(2013)

よる各モジュラーの標準化が一通り行われた段階,これは失敗パン200個から50個へ削減した半年後の段階あたりになろうか。その段階では,各モジュラーのなかにおける知的障碍者の熟練度も増してきており,いっぽう健常者によるモジュラーとモジュラー間の擦り合わせ,つまり相互依存度もやや低下してきたと考えられる。はじめは,相互依存性の高いモジュラー連結された工程も,標準化に向けた繰り返し作業により,相互依存性が少なくなっていく。それが,「一歩早く」という表現で表わされていく。このような過程でアーキテクチュラル・イノベーションは完成していったものと思われる。現在では,工程設計情報は,作業を行う知的障碍者や健常者,前述のマニュアルを媒体として転写され,工程表に沿った作業が為されるようになっている。図2-6にて,この過程を図示する。

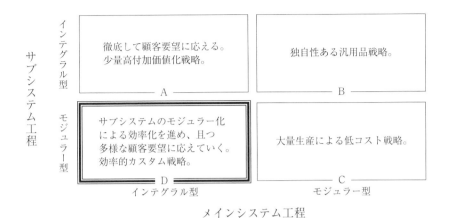

図2-7　工程アーキテクチャ・マトリックスにおけるポジショニング
出所：亀井（2013）

(2) 工程アーキテクチャにおける外インテグラル，中モジュラー構造の効用

スワン事例は製品ではなく，工程におけるものである。機能が製品にではなく生産工程に直に設計転写されたものと考えると，製品と同様なアーキテクチャ・ポジショニングを考察することが可能と考える。スワンの工程は，外インテグラル中モジュラー構造である。つまり，各サブシステム内における障碍者工程においてはモジュラー化により情報量を制限しつつ効率性を追求し，でき上がったパン自体はそのインテグラルなメインシステム工程の転写を受けた製品自体と考えると，効率的に高付加価値が実現された商品とみることができる。図2-7において，藤本（2007）におけるアーキテクチャのポジショニング・ポートフォリオ戦略図をもとに作成した，重層的な工程アーキテクチャから生じる効用を製品，サービスに関する戦略として示した工程アーキテクチャ・マトリックスを提示する。図2-7のA領域は外インテグラル中インテグラル工程の効用を，徹底した擦り合わせによる顧客要望に応えるものとし少量高付加価値化戦略としてとらえている。B領域は外モジュラー中インテグラル工程であるが，サブシステムにおける擦り合わせによる複雑化された工程をルール化されたインターフェイスでつなぐことにより生じる効用を，独自性あ

る汎用品戦略として示している。C領域は外モジュラー中モジュラー工程であるが，徹底したモジュラー化により効率化される効用を大量生産による低コスト戦略として示している。最後にD領域は外インテグラル，中モジュラー工程であり，サブシテム工程のモジュラー化による効率化とメインシステム工程における擦り合わせによる高付加価値化という効用を，多様な顧客要望に応えていく効率的カスタム戦略として示し，スワンの事例は当該領域に該当する。

2.3 事例2 株式会社エフピコ

東証1部上場，食品トレー，弁当容器製造最大手企業である株式会社エフピコの主力事業の1つである食品トレーリサイクル工場における知的障碍者を活用した工程アーキテクチャを考察することとする。

2.3.1 エフピコの概要

エフピコは，1962年広島県福山市に本社，資本金131.5億円にて設立され，2012年3月期連結ベースの従業員3781名である。食品トレー，弁当容器製造の国内最大手であり，主力の一角である食品トレーのリサイクルは国内90％以上のシェアを占める。2012年3月期連結ベースの売上1557億円，経常利益150億円，当期純利益81億円と連続最高純益確保，過去5期においても増収増益基調をキープしている。

エフピコの障碍者雇用は傘下の特例子会社であるダックスグループ，エフピコ愛パック株式会社など合わせ，2012年3月期ベースで障碍者370名，障碍者雇用率換算数640名，障碍者雇用率16.3％にも上る[3]。障碍者の採用の中心が知的障碍者である点が特徴である。掲社における障碍者雇用は，リサイクル選別事業，容器成形事業，容器組立・二次加工事業の3事業に大きく分けられるが，数多くの知的障碍者の活用は，主として福山，茨城，岐阜羽島に大規模工場を有するリサイクル選別事業にて行われている（図2-8参照）。

2.3.2 リサイクル工場の工程

リサイクル工場は，スーパーマーケットの店頭などで回収された使用済トレーを種類別に仕分けしたあと，大型プラントでの洗浄，乾燥，粉砕工程を経て粒状のペレットにするための施設であり，白トレーから生まれた白い再生ペレットは再びトレー用の原料となる。筆者は，茨城工場と最新鋭の設備を備えた岐阜羽島工場を視察（2011/8/26, 2011/10/21）

図 2-8　知的障碍者によるリサイクル選別作業
出所：エフピコ（2012）「CSR Report」，p.33

したが，工場設備の外観はまるで造船ドックのような巨大な工場であり，中に入ると巨大なプラント機械が立ち並ぶ完全オートメーション化に近い環境下，機械と共に素早く手を動かしトレーを選別する知的障碍者の働く姿が目に入った。回収されたトレーは種々雑多，無地の白いトレーもあれば模様つきのカラートレー，なかにはカップラーメン容器など回収しても再度捨てるほかない不適品も多い。そんな多様な搬入物がベルトコンベアに載せられると，最前列の作業員が素早い動作で，不適品を見分けて選別している。その後列の作業員たちも同様な迅速さで容器を選別している。最前列は不適品を排除し，その後列は白色の容器を選別，最後列は見落としがないかチェックするなど，その役割は整然と機能している。人力選別工程モジュール内もかなり標準化が行き届いている状態である。エフピコグループで障碍者雇用を進めている株式会社ダックス四国社長の且田久雄は「機械ですらミスが多く，彼らの仕事にはかなわない」と言う（高知県南国市所在のダックス四国本社にて，且田に対し一対一の対面インタビュー実施，2012/11/20，13:00～15:00）。この選別工程も当初は機械化を検討したようであるが，種々雑多なトレーを効率的に見分けて選別することはむずかしく，最終的に知的障碍者の工程を選択したとのことである。

2.3.3　リサイクル工程のアーキテクチャ　　人力による工程は，搬入を除き選別工程のみである。当該工程も当初はスワンで見たパン工程と同じく，機

能に対応した工程が入り組んだインテグラル構造であったことが想定されるが，アーキテクチュラル・イノベーションの実現により，現状の全体システムは多くのサブ製造ラインにおけるモジュラーで構成され，それらを調整するメイン製造ラインはインテグラルであるものの，人力の選別工程を除くすべての工程がプラント機械化され工程間の調整も自動化されていることから，その調整の為の処理情報量，つまり調整コストはかなり縮小されている状況と観測される。またモジュラー内についても，当初の試行錯誤のノウハウは設計情報として知的障碍者やマニュアルを媒体として工程に落としこまれているものと思われる。以上から，アーキテクチャにおいては外インテグラル，中モジュラーの構造であるが，かなり外モジュラー中モジュラーの構造に近づいた工程アーキテクチャを形成している。以下，リサイクル工程のアーキテクチャを図2-9にて，工程アーキテクチャ・マトリックスにおけるポジショニングを図2-10にて示す。

2.4 事例3 日本理化学工業株式会社

坂本光司（2008）にも掲載され，2009年当時の首相であった鳩山由紀夫が視察訪問したことでも有名な日本理化学工業を事例に取り上げる。同社の大山会長がめざした知的障碍者のみでつくる日本工業規格（JIS）に適合する精度の高いチョーク製造工程はどのようになっているか。同社のチョーク製造工程アーキテクチャを考察する。

2.4.1 日本理化学工業の概要

1937年設立，神奈川県川崎市本社にて，資本金2000万円，売上約5.5億円，チョークの専門メーカーであり，特にダストレスチョークでは国内トップシェア。ホタテの貝殻を原料として活用した粉が飛び散らないダストレスチョークを初めて量産化することに成功し，この商品で文部科学大臣発明奨励賞を受賞している。同社のホームページによると，従業員数は2012年6月時点73名で，内70％強に相当する54名が知的障碍者である。同社へは法政大学大学院坂本光司研究室[4]にて視察を行い，工場見学並びに同社会長大山泰弘と社長大山隆久へのインタビューを実施した（2012/3/8，09:30～11:30）。

2.4.2 チョーク製造工程

工程は，以下の大きく7工程。①原材料の混

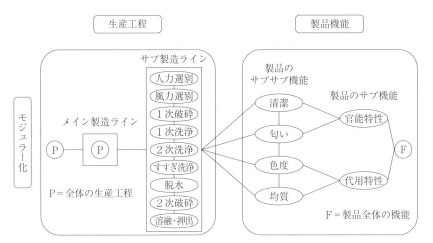

図2-9 エフピコにおけるリサイクルの工程アーキテクチャ
出所：亀井（2013）

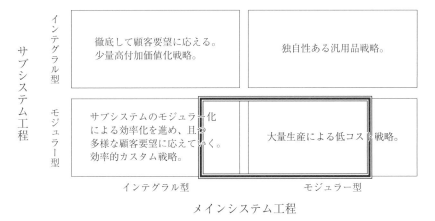

図2-10 工程アーキテクチャ・マトリックスにおけるポジショニング
出所：亀井（2013）

合，練り上げ②色素材調合，棒状成型，③一定の長さに切断，④乾燥工程，⑤チョークの長さ（標準品63ミリ）に切断，⑥梱包（標準品1箱に12本×6段），⑦最終検品，出荷。それら工程のほぼすべてを知的障碍者が担っている点に特徴がある。大山泰弘（2009）によると，ただ単にチョークができればよいという

第2章 知的障碍者活躍現場の工程アーキテクチャ　39

のではなく，JIS規格に適合する精度の高いダストレスチョークを知的障碍者のみでつくるという高い目標があった。JISでは，太さが10ミリから11ミリであることが求められ，出荷する全製品がその範囲であるためには，毎日の製造工程のなかで，器具の管理や製品チェックを厳密に行う必要が出てくる。かつ，石膏チョークに比べダストレスチョークの工程は，原料に炭酸カルシウムを使うため，凝固剤と水を加えて練り上げ，粘土状になったものを，中が空洞の丸い金具（口金）のついた成形機械に通す。すると金具の直径と同じ太さの円柱が出てき，それを一定の長さにカットし，乾燥炉に入れて乾かす工程が加わる。

まず重要なのが，材料の配合。それぞれの色のチョークに使用する材料の種類をまちがえず，重量を正確に量る。知的障碍者にはこの量る行為がむずかしい。しかし，材料の入っている容器の蓋の色と同じ色のおもりを乗せ，秤の針が真ん中に止まったらOKとした。また，材料を練る時間を計るには，時計の針を読む代わりに砂時計を活用した。数を数えるには連続したカードを用意し，1つの作業を終えるとそのカードをめくるなど，知的障碍者が苦手とする数字を読む行為に工夫を凝らしていった。

つぎに，チョークを成型する口金のチェックで，常に口金の内径が広がっていないか通常はノギスを使って寸法を精密に測る必要が出てくる。しかしながら，数字の苦手な知的障碍者がノギスを使いこなすのは不可能であることから，同社では，JIS規格よりも厳しい社内規格を設け，その規格の最大寸法よりわずかに細い検査棒を用意して，毎朝，口金に検査棒を入れることを習慣づけて対応している。「棒がすっと入ったら新しい口金と交換する」というルールをつくり，知的障碍者にすっと入るかどうかの感覚を身につけてもらい，習慣化することで口金の交換を適切に行っている。もう1つの検査ポイントは，乾燥炉を通ったあとの検査において，チョークの太さを再確認する作業がある。ここでも通常ノギスを使うところを，10ミリと11ミリの容器をつくり，上限と下限の2種類の直径を通すことで，障碍者の合否判定を可能にした。ここでも細い方にすっと入ってしまったらアウトというように感覚による習慣化を行っている。

2.4.3　知的障碍者のなかからの班長選出と健常者社員による工程改革推進

　大山（2009）によると，全体プロセス工程は知的障碍者が分業体制で受けもっており，担当する仕事は概ね固定化されている。ただし，優秀な人材はライン全体の作業を統率するリーダー格の班長に任命され，自分の仕事をこなしながらほかの社員の動きを見守ったり手助けしたりし，臨機応変な対応をする多能工としてラインを支えている。

　いっぽう，健常者社員は，上記のとおり分業の熟練がなされ，統制も知的障碍者に任せられる状態となっているがゆえに，日々の改善提案を行える立場に移っている。たとえば，同社のチョークは，口金から粘土状のものを押し出すことで円柱状の形をつくっており，それを60センチ程度に大雑把にちぎったものを板の上に並べて，カッターでチョークの長さにそろえ，乾燥炉に入れる。ここで問題となるのは，大雑把にちぎったときにできる潰れた部分をどう処理するかであるが，従前は乾燥後に手で一つひとつポキンと折っていた。この作業にフォークを使用することで，大幅に簡素化することができた。まず，60センチにちぎった粘土状のものを3本ずつ並べ，3本のはしの潰れ部分を一気に突き刺して取り除く。それにより，1本1本折る手間を省けたうえ，乾燥する前に潰れた部分を取り除くことから，以前のように粉に戻す手間も省けたという成果があった。また，同社では，完全に粉が出ず，滑らかな表面をもつ素材であれば何にでもかけるキットパスや，原料を廃棄物であるほたての貝殻にするなど新商品の開発製造に成功してきている。

2.4.4　チョーク製造工程におけるアーキテクチャ

　同社チョーク製造工程は，依然各モジュラー間における調整はインテグラルとなってはいるものの，アーキテクチュラル・イノベーションの進展により，サブ工程のモジュラー化とメイン工程のモジュラー化がかなり進んだものと見ることができる。各モジュール工程間の調整を知的障碍者が行っていることからもそれがわかる。健常者は全行程を俯瞰する立場にあり，工程改善，新商品開発へと勤しむことができるものとなっている。以下図2-11にて同社の工程アーキテクチャを，図2-12にて同社の工程アーキテクチャ・マトリックスにおけるポジショニング

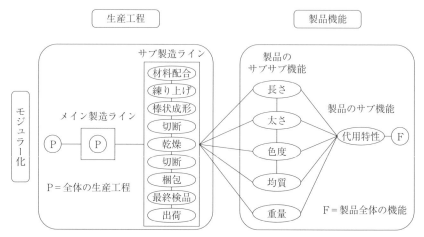

図2-11 日本理化学工業におけるチョーク製造の工程アーキテクチャ
出所：亀井（2013）

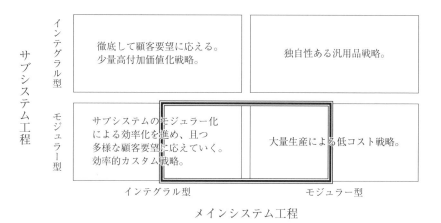

図2-12 工程アーキテクチャ・マトリックスにおけるポジショニング
出所：亀井（2013）

を示す。工程アーキテクチャ・マトリックスのポジショニングはスワンと機械化が進んだエフピコのほぼ中間に位置する。

2.5 小 括

以上，知的障碍者を活用した工程改善につき，スワン，エフピコ，日本理化

学工業の事例をみてきたが，3つの事例ともまったく異なる業種ではあるものの，試行錯誤の末，最も適した工程アーキテクチャを実現している先端事例である。

共通する部分は，知的障碍者雇用を契機に，工程アーキテクチャにおいてインテグラル構造から「モジュラー（モジュール）化」の動きがみられ，最終的には「外インテグラル，中モジュラー」の重層的構造を形成するというアーキテクチュラル・イノベーションの実現により，一般的にむずかしいとされる効率化と高付加価値化の同時達成が起きていることである。

他方，環境条件への適応としては，製品やサービスへの顧客志向性が性能重視から価格重視に移動するに応じ，重層的工程アーキテクチャは，「外インテグラル中モジュラー」から「外モジュラー中モジュラー」傾向へと変更されることがわかった。スワンベーカリーが製品機能において，おいしいパンという顧客志向性，つまり製品の性能が重視される環境性をもつのに対し，エフピコはリサイクル事業という効率性を追求したうえでの価格が重視されやすい環境性をもつことから，その工程アーキテクチャは，大量生産による低コスト戦略に適合するアーキテクチャ「外モジュラー中モジュラー」の傾向性をもつ。日本理化学工業は，チョークという価格重視型の製品を製造しているが，ダストレスチョークの開発など製品機能において性能重視を比較的維持しつつある。その工程アーキテクチャは知的障碍者がマネージャーの働きをするほど，全体システムである外アーキテクチャのモジュラー化が進展しつつあるが，全体システムが機械化されているエフピコの外アーキテクチャほどではないことから，その環境条件における工程アーキテクチャは前2社のほぼ中間の位置づけとしている。

■第3節　考　察

仮説について，3社の工程プロセス事例にて検証した結果をアーキテクチャの記述体系にて示す。まず，「知的障碍者雇用に成功している工程アーキテクチャの共通点は，障碍者の働く単純化，細分化されたモジュラー工程と，健常

者の働くインテグラル工程が重層的に組み合わせられることで，効率化と高付加価値化が同時実現している」という最初の仮説について述べる。事例3社とも，工程分割による役割分担のあと，知的障碍者の働き場所の工程についてはモジュラー化が行われ，プログラマとしての健常者マネージャーらによる作業の分業化・標準化を通じて知的障碍者の熟練化が進められている。健常者はまた，アーキテクトとしてモジュラー工程同士を調整する役割を担い，全体としてはインテグラルのアーキテクチャを構成する。つまり，外インテグラル，中モジュラーの重層的工程アーキテクチャを構成することを明らかにした。

　工程アーキテクチャにおける重層的アーキテクチャについては機能から工程への情報の転写プロセスとして形成され，その効用について製品アーキテクチャのポジショニング・ポートフォリオ戦略図を援用し工程アーキテクチャ・マトリックスとして示している。当該外インテグラル中モジュラー構造は，中モジュラーによる効率化を実現し，かつ外インテグラルによる顧客のカスタム要請に応える高付加価値化を実現するものであることを示唆している。

　第二の仮説である「工程アーキテクチャはその製品やサービスへの顧客志向性が品質重視ではインテグラルに，価格重視ではモジュラーに移行する」については知的障碍者活用現場において，顧客志向性が性能重視から価格重視に移動するに応じ，重層的工程アーキテクチャはサブシステムのモジュラー化による効率化を進め，かつ多様な顧客要望に応えていく効率的なカスタム戦略に適合する外インテグラル中モジュラー構造から，大量生産による低コスト戦略に適合する外モジュラー中モジュラー傾向へと移行することがわかった。つまり，製品であるパン自体の品質が重視されるスワンベーカリーにおいては，作業工程を細分化し中モジュラーによる効率化を進める一方，外インテグラル構造にて工程間の微妙な調整を行う事で，顧客のカスタム要請に応えていく重層的アーキテクチャを実現している。これに対し，エフピコはリサイクル事業自体が，効率性を追求したうえでの価格が重視されやすい顧客志向性をもつことから，その工程アーキテクチャは，知的障碍者の働く選別工程以外は完全機械化し，モジュラー間の調節も自動化するなど大量生産による低コスト戦略に適合

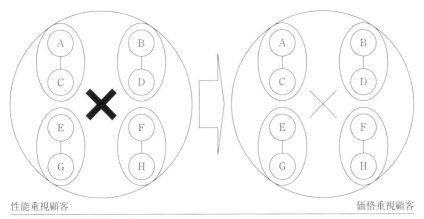

図 2-13　顧客志向性による適合アーキテクチャ
出所：亀井（2013）

するアーキテクチャ「外モジュラー中モジュラー」の傾向性をもつ。日本理化学工業は，ダストレスチョークなどの開発によりその顧客志向性は前2社のほぼ中間に位置し，その工程アーキテクチャは知的障碍者がマネージャーの働きをする程，外アーキテクチャのモジュラー化が進展しつつあるが，全体システムが機械化されているエフピコの外アーキテクチャ程ではないことから，その工程アーキテクチャは前2社のほぼ中間の位置づけとしている。以下，図2-13では顧客志向性によって適合する重層的アーキテクチャが変容する様子を，外インテグラル度の強さを×の太さで表現する事により示している。つまり，顧客志向が性能重視から価格重視となればなる程，×の太さは細くなり外インテグラル度は薄れ，外モジュラー化していく様を提示している。

■第4節　結　論

第一の仮説「知的障碍者雇用に成功している工程アーキテクチャの共通点は，障碍者の働く単純化，細分化されたモジュラー工程と，健常者の働くインテグラル工程が重層的に組み合わせられることで，効率化と高付加価値化が同時実現している」は3社の事例から検証された。図2-14で示されるとおり，知的障

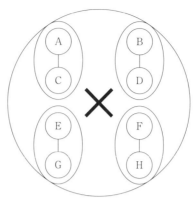

図2-14　障碍者が活躍する現場工程のアーキテクチャ
出所：亀井（2013）

碍者の働くモジュラー工程と健常者マネージャーの働くインテグラル工程の重層的工程「外インテグラル，中モジュラー」アーキテクチャで示されることを明らかにした。

　第二の仮説である「工程アーキテクチャはその製品やサービスへの顧客志向性が品質重視ではインテグラルに，価格重視ではモジュラーに移行する」についても，3社の事例から検証された。第一の仮説にて検証された「外インテグラル中モジュラー」アーキテクチャで示される重層的工程は，そのインテグラル度を調整しつつ顧客志向性に適合していくことを示唆している。

[注]
1）　CSR Europe は CSR を推進する企業間ネットワーク。CSR Europe 傘下に，財務と非財務パフォーマンスの関連性を調査し，企業と投資家との対話を改善するためのフレームワークの作成を目的としたプロジェクトを設置。Value Creation Framework はその最終報告書「Sustainable Value EABIS Research Project」（2009年9月）のなかで提唱された。（企業価値分析における ESG 要因研究会［2010］）
2）　名作アニメ「アルプスの少女ハイジ」のなかに出てくる白いパンからつけられたパンの名称。
3）　エフピコ（2012）「CSR Report」に記載。
4）　筆者は2011年4月～2013年3月まで法政大学大学院政策創造研究科修士課程に

おいて坂本光司教授のゼミに所属。坂本光司研究室は坂本光司ゼミのことをさす。

■引用・参考文献一覧■
1. 亀井省吾（2013）「知的障碍者活躍現場の工程アーキテクチャ」『情報社会学会誌』Vol.8，No.1，pp.5-22.
2. 藤井敏彦（2005）『ヨーロッパのCSRと日本のCSR』日科技連出版社．
3. Pava, M. L. and Krausz, J. (1995) *Corporate responsibility and financial Performance*, Westport, CT: Quorum Books.
4. 長谷川直哉（2004）「社会的責任投資における企業評価モデルの研究」横浜国立大学学位論文（経営学博士）．Sustainable Value EABIS Research Project. http://www.investorvalue.org/docs/EabisProjectFinal.pdf#search='Sustainable＋Value＋EABIS＋Research＋Project'（2014.04.29入手）．
5. 企業価値分析におけるESG要因研究会（2010）「報告書　企業価値分析におけるESG要因」（社）日本証券アナリスト協会．
6. 小林秀司（2011）「企業における障がい者雇用によってもたらされる効用についての研究」法政大学大学院政策創造研究科政策研究論文．
7. 藤本隆宏・桑嶋健一（2009）『日本型プロセス産業』有斐閣．
8. Ulrich, K. (1995) The role of product architecture in the manufacturing firm, *Research Policy*, Vol.24, pp.419-440.
10. 中田行彦（2010）「インテグラル型産業における相互依存からの組織間知識創造」『イノベーション・マネジメント』No.8，pp.37-55.
11. 富田純一・高井紘一朗（2008）「アサヒビールにおける持続的競争力の源泉―スーパードライが二段ロケット的成長を遂げられたのはなぜか？―」『赤門マネジメント・レビュー』Vol.7，No.11，pp.797-820.
12. 田路則子（2005）『アーキテクチュラル・イノベーション』白桃書房．
13. Henderson, R. M. and Clark, K. B. (1990) Architectural Innovation: The Reconfiguration of Existing Product Technologies and the Failure of Established Firms, *Administrative Science Quarterly*, Vol.35, pp.9-30.
14. 藤本隆宏・武石彰・青島矢一（2001）『ビジネス・アーキテクチャ』有斐閣．
15. 藤本隆宏（2009）「アーキテクチャとコーディネーションの経済分析に関する試論」『経済学論集』Vol.75，No.3，pp.2-39.
16. 国領二郎（2006）「情報社会のプラットフォーム：デザインと検証」『情報社会学会誌』Vol.1，No.1，pp.41-49.
17. Brooks, F.P. Jr. (1995) *The Mythical man-month: essays on software engineering*

Anniversary Edition, Boston, MA: Addision-Wesley Publishing Company, Inc.
18. 藤本隆宏（2007）『もの造り経営学』光文社.
19. エフピコ（2012）「CSR Report」p.33.
20. 坂本光司（2008）『日本でいちばん大切にしたい会社』あさ出版.
21. 大山泰弘（2009）『働く幸せ』WAVE出版.
22. 日本理化学工業ホームページ http://www.rikagaku.co.jp/handicapped/index.php（2012.12.28入手）

第3章
知的障碍者活躍現場の身体知移転プロセス

　第2章でみてきたとおり，障碍者雇用と企業収益の関係性については，CSR Europe が Value-Creation framework を提唱するなかで，社会的責任に関係した取り組みが企業価値向上につながるパスとして，オペレーション変化による新プロセス開発などのイノベーション要因をあげている。また，小林秀司(2011) におけるサーベイにおいては，仕事の進め方の見直しや必要な設備投資を行うことで業績向上を図ることができる可能性が示唆されている。そのメカニズムの解明を図るために，第2章では，ものづくり企業における価値創出の源泉である工程に着目し，知的障碍者が活躍する現場における工程デザインをアーキテクチャで記述し，知的障碍者と健常者が協働する現場において，高付加価値と効率性が同時実現する仕組みを明確化した。つまり，その工程アーキテクチャは，知的障碍者の働くモジュラー工程と健常者の働くインテグラル工程に分けられ，2つの工程は各モジュラー工程をインテグラル工程にて統合する「外インテグラル，中モジュラー」の重層的工程アーキテクチャを形成する。

　しかしながら，その工程デザインを形成していくプロセスのドライビングフォースとなる知的障碍者と健常者間のものづくりに関わる情報伝達，つまり身体知の移転がどのように生起しているのかについてはいまだ明らかとなっていない。本章では，知的障碍者が現場で活躍することを通じ，事業を活発化させている企業事例を検証することで，その身体知の移転メカニズムを解明する。本研究により明らかにした点は，第一に，健常者と知的障碍者の間身体的な関係性を通して，健常者の身体知がメタ認知的言語化していくこと。第二に，そのメタ認知的言語化された身体知は，健常者から知的障碍者へ移転され，健常者側に残った身体知と相互補完関係を維持すること。第三に，知的障碍者が活躍する生産現場における身体知の相互補完関係は，その工程アーキテクチャと

整合していることである。

■第1節　仮説の構築
1.1　先行研究レビュー
1.1.1　間身体性　野中郁次郎・紺野登（2012）によれば，ヘーゲル（Hegel, G.W.F.）は「我々である我，我である我々」という自己のあり方を示し，私たちの存在は，共同的，相互的な形でこそ成立するという相互主観性を見いだした。野中・紺野（2012）によると，Merleau-Ponty, M.は，現象学の観点から，相互主観性の本質は身体感覚に基づいて相互に浸透することで生まれる関係性，つまり間身体性だと解釈した。Merleau-Ponty（1945）においては，自分の右手が左手を触っているときに，左手もまた右手を触っていると感じるような身体の相互浸透性が，自分と他者との共感，共振，共鳴にも成立すると述べられており，間身体性の概念を創造している。奥井遼（2011）は，Merleau-Ponty（1959）にて主張される「間身体性」の概念について，私たちが他者を経験する際に与えられているのは，一般に「私」や「他人」として分類される項ではなく，むしろそれらを含んだ1つの系であり，その系のなかで私たちは私や他者を識別するようになっていくという事態であると述べている。また，Merleau-Pontyは，人は他者との峻別以前に，すでに他者と癒合した状態を生きていると考え，他者認識の問題の立て方を逆転させたと述べている（奥井［2011］）。

　野中・遠山亮子・平田透（2010）では，組織的知識創造プロセス（SECIモデル）における共同化の場において，主観的，身体的な暗黙知が共有され，相互主観性が成立することにより，共通感覚が生成されるとする。かつ，相互主観のベースには，間身体的な体験の共有が必要であるとしている。また野中・勝見明（2010）では，日本企業においてかつては，職場に生きた手本がいて，共体験しながらジャジメントの仕方が伝承されていたとし，伝承するほうもされるほうも意識されることなく無意識的に，必ずしも言葉を媒介にせずして身体共感していたことを間身体性としている。

1.1.2 身体知におけるメタ認知的言語化モデル　諏訪正樹（2005）では，一般に身体が覚えこんだ技やコツをさしていう身体知の獲得プロセスについて，身体や環境に含まれる新しい変数の存在に気づき，新旧の変数を取り込んだ形で身体と環境の新たな関係を再構築し続ける漸進的プロセスであるとし，自己の言語的思考過程のみならず，環境，身体動作の知覚を含む認知過程の体感を言語化するプロセスであるメタ認知的言語化は，そのための研究方法論として有望であるとしている。

松原正樹・西山武繁・伊藤貴一・諏訪（2010）は，人間の身体にある実体や解釈についてツールを通して分節化することによって，自分自身にある解釈との相違点や共通点を容易に見いだせるようになり，それぞれの変数の意味づけをしやすくしたと述べている。また石原創・諏訪（2011）は，身体技を指導する新しい手法としての身体的メタ認知について，身体が環境とインタラクションすることにより生じる体感を内部観察的に言葉として外的表象化する手段を用い，体感と言葉の両者を進化させる認知的手法としている。そのうえで，内部観測的思考を体得しているからこそ，外部観測で得られた身体的事実の意味する処を，自分の身体に即して考えることが可能になるとしている。

1.2 仮説の提示

第2章においては，健常者が担当するインテグラル工程と障碍者が担当するモジュラー工程という重層的工程アーキテクチャで記述される現場が有効に機能するために必要な情報の移転のあり方については述べていない。ものづくり現場において，体が覚えこんだ技やコツ，つまり身体知がどのように健常者から知的障碍者へ移転していくのかを明らかにする必要がある。

いっぽう，間身体性に関する先行研究から，知的障碍者が活躍でき，高付加価値商品を効率よく生産する工程デザインの構築における身体知の移転プロセスには，障碍者と健常者の間身体的な関係，つまり奥井（2011），Merleau-Ponty（1959）でいうところの「他者と癒合した状態を生きている」状態が大きく関わっているのではないかとの知見を得た。諏訪（2005）では，身体知を獲得するプロセスの本質を，身体と環境の関係を再構築しつづける漸進的プロ

セスであるととらえ，自己の言語的思考過程のみならず，環境，身体動作の知覚を含む認知過程の体感を言語化するプロセスであるメタ認知的言語化は，そのための研究方法論として有望であるとしている。知的障碍者活躍現場においては，健常者は障碍者との間身体的な関係性のなかで，自らの身体知の変数に気づき，つまり諏訪（2005）でいうところの身体知のメタ認知的言語化による分節化が促進されていったのではないかとの第一の仮説をもった。野中・勝見（2010）においては，かつての日本企業の職場における間身体性が述べられているが，具体的に間身体性が身体知や情報の移転とどのように関わっているのかについては述べられていない。本論文においては，知的障碍者活躍現場に関わる健常者において，障碍者との間身体的な関係性が，身体知の移転とどのように関わるのかを明らかにする事が課題となる。

なお，諏訪（2005）では，身体知のメタ認知的言語化は主に一人の人間のなかで示され，情報の移転者と被移転者との関係は，指導者の被指導者への教授法を描いた石原，諏訪（2011）にて述べられており，被指導者においても内部観察的思考つまり内部的模索が重要であるとの結論を導いている。本章においては，情報の被伝達者が知的障碍者であるというコンテクストのなかで，諏訪（2005）でいうところの身体知の漸進的プロセスがどのように進展していくのかを明らかにすることが課題となる。本章では，メタ認知的言語化した身体知の各要素は健常者から障碍者へ移転され，最終的には，障碍者へ移転されたメタ認知的言語化要素と，健常者側に残った暗黙知的要素の相互補完関係が成立しているとの第二の仮説を提示する。

そして最後に，このような知的障碍者と健常者の間における身体知の相互補完関係は，第2章にて述べた知的障碍者雇用に成功している現場の工程アーキテクチャと整合的な関係にあるのではないかとの第三の仮説を提示する。以下3点の仮説を図と共に提示する。

(1) 健常者は知的障碍者との間身体的な関係性のなかで，自らの身体知はメタ認知的言語化していく（図3-1参照）。なお，図3-1では，当初の間身体的な関係を構築するプロセスをミラープロセス，身体知をメタ認知的言語化す

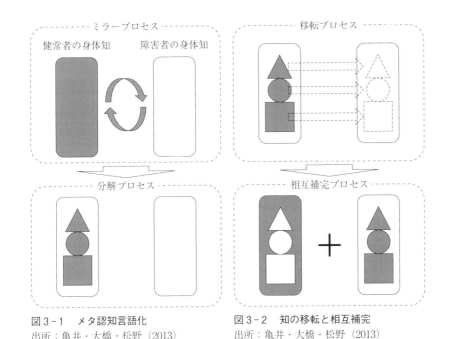

図3-1 メタ認知言語化
出所：亀井・大橋・松野（2013）

図3-2 知の移転と相互補完
出所：亀井・大橋・松野（2013）

るプロセスを分解プロセスとしている。
(2) 健常者から知的障碍者へメタ認知的言語化した身体知の移転が行われ，健常者側に残った身体知との相互補完関係が成立している（図3-2参照）。
(3) 知的障碍者が活躍する生産現場における身体知の相互補完関係は，その工程アーキテクチャと整合している（図3-3参照）。

■第2節　目　的

　本研究の目的は，①知的障碍者が活躍する工程デザイン構築の際に，知的障碍者と健常者間でいかに身体知の移転がなされているのかを明らかにすること，②健常者と知的障碍者における身体知の関係性を明らかにすること，③知的障碍者が活躍する生産現場における身体知の相互補完関係性は，その工程アーキテクチャと整合することを明らかにすることの3点である。
　本章では，実際のものづくり企業における知的障碍者活用事例2つを先端研

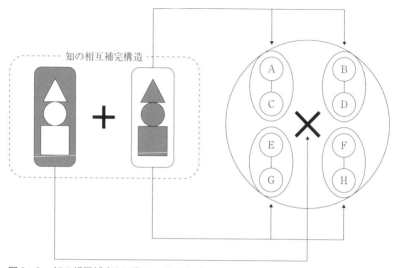

図3-3　知の相互補完と工程アーキテクチャ
出所：亀井・大橋・松野（2013）

究事例とし仮説検証することを試みた。本事例はいずれも知的障碍者自らが活躍することを通じ，成果として企業収益をあげている事例である。その工程構築を成し遂げた身体知の移転プロセスを観察するのに適しているのと同時に，両事例ともインタビューや文献により，その時系列プロセスを把握できることから，本研究の仮説検証をするうえでも十分な事例と判断した。

■第3節　調査と分析　事例1

3.1　方法と手続き

本節では，知的障碍者を活用したパン製造販売企業である株式会社スワンについて，そのパン製造工程構築におけるPDCAサイクル進展に伴う身体知移転プロセスを調査分析する。

調査分析手順として，①まず各事例の工程現場構築過程を要約，②次にその現場の身体知移転のあり方を考察する。その際，知的障碍者と健常者がどのように関わっているのかについて着目。また，どのように健常者から障碍者へ知が移転していったのかを時系列に動態的流れを追う。そして，③最終的に二者

間の身体知の関係性並びに，工程アーキテクチャとの整合性を検証する。

3.2 調査対象企業の概要

スワンベーカリーをチェーン展開する株式会社スワンについて，ここで改めて概要を述べる。同社は，1998年6月に設立，資本金2億円である。「クロネコヤマトの宅急便」を開発したヤマト運輸(株)元社長の故小倉昌男は，1993年にヤマト福祉財団を設立。スワンは，その財団の支援のもとでつくられた株式会社であり，2001年にヤマト運輸の特例子会社となる。スワンは，銀座にスワンベーカリー1号店を開店したあと，現在直営店3店，フランチャイズ店24店を擁するベーカリーチェーンである。チェーン全体の社員約500名の内，約300人が障碍者であり，知的障碍者が約70％を占める。業績は，確認できる範囲で，店舗と本部を合わせた全社ベースで売上5～6億円，経常黒字基調。店に並ぶパンの種類も50種類近くに及び，値段は1つ平均200～300円程度と，コンビニのパンよりやや価格が高く，昼食の客単価平均は800円～1000円程度と推測される。

3.3 工程分割とPDCAサイクルによる標準化

スワンベーカリーのパン製造工程については，第2章にて，その経過が詳しく述べられている。以下，第2章に基づきその工程構築までの過程を要約する。

パンの製造工程は通常，粉からの非常に複雑な工程となっており，本来はパン職人の経験値がものをいう熟練仕事である。パンの冷凍生地の導入により，粉からの製造工程は省けるものの，いまだ商用のパンができるまでには，パン職人が営むいくつもの工程が必要であった。この全ての工程を知的障碍者が作業を行えるようにするには，より分業単純化が必要であった。スワンではまず，その全体4時間に及ぶ作業工程を大きく4つの工程に分けた。形ができていない小麦，イースト，水，塩からできた冷凍生地を基本的には解凍，成型，ホイロ（二次発酵），焼成の4工程に分割し，パンに仕上げていく。

その細分化した工程において，PDCAサイクルを反復する。このシステムが軌道に乗るには，マネージャー，健常者，障碍者協働での繰り返し過程があった。失敗と検証を繰り返すPDCAサイクルのなかで，知的障碍者は特性

に応じて任された分業工程の熟練工となっていく。その過程こそが標準化への道であった。

　今でこそマネージャーは監督の役割を果たしているが，当初は，各工程に健常者も入り混じりながら，4工程のどこで失敗パンができるのかを判定した。原因解明を一つひとつ繰り返し標準化を行っていった。最終的には，水の付け方や砂糖の加え方が違う50種類のパンについて標準化が施され，現状では，各店舗でどの種類のパンを何個つくるかという製造指令書に基づき工程表が作成され，細かく同時並行的に作業が流れるようになっている。その際，各工程における工夫がほどこされた。たとえば，成型工程においては，生地を天板に並べるときに均等に並ぶように竹ひごによる枠を設けた。

　また，月ごとにアイテムの変更が行われる50種類に及ぶパンの形，色については，色紙による模型見本がつくられた。成型のときの生地の高さがわかるように模型の膨らみも重視された。また，パンの種類の認識には，色つきカードが使用された。たとえば，ハイジの白パンは赤のカードといった具合である。現在では，その標準化ノウハウをマニュアルに落し込もうとしている。そのマニュアルにおいても風船の絵を用いてパンの膨らむ様子を表現するなど，誰にでも知識が正確に伝わる工夫が施されている。

3.4　加盟店統括マネージャーへのインタビュー

　加盟店統括マネージャー原宏光へのインタビューを実施した。インタビュー調査は，銀座店の入る銀座2丁目のビルにあるスワン本社またはスワンカフェ銀座店にて，回答者と質問者が一対一の対面による面談方式にて実施した。計5回（2012/4/4，13:00〜15:00；2012/9/19，13:00〜15:00；2012/11/9，13:30〜15:00；2013/3/22，10:00〜11:30；2013/9/11，18:00〜19:30）実施し，一回当たりのインタビューは1時間から2時間程度であった。以下，質問についての原の回答を記述する。

　(1) スワンベーカリー入社経緯　　タカキベーカリーにて3年程営業を経験したあと，タカキベーカリーの社員としてスワンプロジェクトに関わり，1998年1号直営店となる銀座店の立ち上げから広島県三原市の4号店の立ち上げを

経験したあと，2001年に直営店である赤坂店の立ち上げときより入社した。

(2) 開業当初と改善の様子　開業当初は，銀座店舗の失敗パンは約200個にも及んだ。その失敗パンの山を前に，各分業工程のどこに原因があるのかを，1工程づつ検証していく作業を繰り返した結果，失敗パンは半年で50個にまで減らすことができた。改善にはPDCAサイクルにおいて失敗から学ぶ経験が最も効く。

(3) 知的障碍者への知識の有無　知的障碍者について何らの知識もなかった。しかし，現場に入り込み共にパンづくりに励むうちに，知的障碍者が何を苦手としているかを理解していった。

(4) 知的障碍者と働くことで気をつけたことは何か　失敗しても決して障碍者のせいにしないことを健常者間で最初に決め，それだけはどんなときも守り通した。自分の当たり前は障碍者にとって当たり前ではない。たとえば，開業当初のマニュアルでは，生地を天板にきれいに並べるとしていたが，どうしてもできない。きれいに並べるにはどうしたらいいんだろうと考える。自分はなぜ並べられるのだろうかと。まるで小学校中学年の体育会のときのように，一緒に汗を流して夢中になってやっていくうちに，一体感みたいなものを感じるときがある。そんなときに，そうか自分は天板に目で枠を描いていたんだなと思いついたりする。そこで，目で見える枠をつくればいいのかと思い，竹ひごの枠をつくった。

(5) 最もむずかしかったことは何か　当社のパンづくりは，銀座，赤坂という強豪ひしめくエリアで，相応の価格設定をしても売れることを目標としている。決して障碍者のつくるパンだから買ってほしいというものではない。そのためには，妥協なくハイレベルの品質が求められる。パン製造はもともと職人の世界で，微妙な加減が要求される工程が多い。たとえばパンの生地を傷めないために5回で捏ねるという標準化を行っても，ギュッギュと固めすぎているから焼き上がったパンが少し硬くなったりする。その捏ねる強さの感覚をどう伝えるかがむずかしかった。各人により違う感覚を，協働のなかでこちらが感じ取って，模型や絵で表現していった。

(6) どんな気づきがあったか　自分もパン職人として健常者に教えるときには，曖昧な点が多かったと思う。知的障碍者と共に働いたお陰で，自分のプロセスを今一度見直し，完全に自分で理解し，人に説明できるようになったことが大きい。逆に障碍者に鍛えられたという側面がある。また，店長やマネージャーなど健常者それぞれが全工程をみて把握することにより，コミュニケーションが格段によくなり，問題点の洗い出しから改善に至るスピードも早くなった。

3.5　知的障碍者からの視点

スワンベーカリーで働く知的障碍者のインタビューは，牧野節子（2003）にてまとめられている。牧野（2003）では，軽度の知的障害をもつ銀座店オープンメンバーである相馬大介が，オープン後の様子を述べている。

> 「開店してからも，店に出せない失敗のパンが山ほど出た。けど，何度も何度も，教えてもらいました。『つくりかた』を絵に描いたのを見せてもらったりして……あ，そこにある，その絵です。その絵で，パンの生地を置いている後ろすがたや，手のモデルになっているのは，ぼくなんです」

牧野（2003）によると，パン製造の指導員が描いたその絵を見ながら，失敗にくじけずパンのつくり方を覚えていった相馬はその後，製造主任となっている。

3.6　考　察

3.6.1　工程構築と健常者マネージャーの役割　スワンにおける現場で構築された工程デザインを，第2章では，障碍者が働く単純分業化されたサブシステムとしてのモジュラー工程と，それらモジュラー工程を調整，統合すべく健常者が働くメインシステムとしてのインテグラル工程で構成される「外インテグラル，中モジュラー」の重層的工程アーキテクチャで表現した。障碍者が繰り返し作業を通じて熟練していく細分化された各モジュラーのつなぎ目（インターフェイス）において全体最適のための微調整を図っていく役割を担うのが健常者マネージャーである。つまり，スワンでは，パン製造という全体として極めて相互依存関係の強いインテグラル工程アーキテクチャを，一つひとつ

の工程をモジュラーに分解し，そのモジュラーにおいて知的障碍者を熟練化する一方，インテグラルとして表現されるモジュラー間の相互依存的な調整は，マネージャーなどの健常者が多工程もちをする多能工となって実現している。結果として，細分化された工程の各モジュラー内部は標準化されたプロセスの繰り返しによる効率化が図られ，その各モジュラーをつなぐ導線は，マネージャーたちとインテグラルに交わり，全体として付加価値の高い仕組みとなって，スワンベーカリーブランドのパンを製造している。また，知的障碍者をみているため，各部署で働くマネージャー級のコミュニケーションが活発で工程の微調整が行われ，微調整しながら均質なパンづくりを志向してきた姿がみてとれる。

3.6.2　健常者マネージャーと知的障碍者との間身体的関係

しかしながら，健常者の多能工化やコミュニケーションの活発化だけでは，パン工程のように一定の暗黙知を含む工程を，知的障碍者に適応させ，50種類に及ぶ多様なパンを，ほかの高級店に負けない価格で出すことができることを説明できない。重要な要素は間身体性という言葉で表現されるものである。前述の原は，それまで知的障碍者について何らの知識もなかったという。しかし，現場に入り込み共にパンづくりに励むうちに，知的障碍者が何を苦手としているかを理解していったという。この様子を，原は小学校中学年の体育会という表現で表わしている。同じ目的に向かって共に汗を流し一体感を感じたときに，天板にきれいに並べる作業を自分が無意識にどういう視点で行っていたかを認識できたという。また，生地を捏ねる強さについても協働，つまり一体感のなかで感じ取って説明できるようになったという。これは，奥井（2011），Merleau-Ponty（1959）でいうところの「他者と癒合した状態を生きている」状態，つまり健常者と障碍者との間身体的な関係性が，健常者の身体知の変数に気づきを与え，身体知のメタ認知的言語化による分節化を促進した事例に該当するものと思われる。また，知的障碍者からの視点では，前述の相馬氏は，マネージャーら健常者が分節化を通じて生み出した『つくりかた』の絵を見ながら，パン製造を習得していく。

原らマネージャーは，自らが知的障碍者の主観に立ったからこそ，不得意とする面を克服する工夫が可能となった。マネージャーらは知的障碍者との間身体性という関係性があることを前提に，知的障碍者におけるモジュラーのサブシステムと，それらをつなぐインテグラル構造であるメインシステムを往復しながら，つまり PDCA サイクルと間身体性を通じたマネジメントを同時並行的に行いながら，重層的工程を完成させたのである。

3.6.3 身体知移転と補完関係の構築

PDCA が軌道に乗るまでには，マネージャー，健常者，障碍者協働での繰り返し過程があった。健常者は障碍者らとの間身体性を通じ，障碍者にとって何がむずかしくて，何が得意なのかを理解するようになっていった。同時に健常者マネージャーは，通常は意識しない知覚，運動レベルの体感を言語化していく，つまり自らの身体知の分節点を発掘し，メタ認知的言語化するプロセスを繰り返していく。そのメタ認知的言語化の成果は前述の，成型パンを天板に均等に並べるための「竹ひごの枠」の開発などツールに具現化され，最終的には誰にでもわかるマニュアルとして結実していく。そして，それらメタ認知言語化された身体知の伝授は，障碍者が「竹ひごの枠」などのツールを通して実践し，マニュアルを実際の行動として具現化することにより，新たな身体知として習得されていく。その様子が5回にぎりや両手にぎりの握りの強さなどで表現されている。知的障碍者には明確な指示が必要なので，甘えが許されない。正に徹夜の連続であったと原はいう。しかし，かえって甘えが許されないがゆえに，完全な標準化がなされた面もある。複雑で暗黙知の多い工程を完全な形式知に変えることが可能になったのは，そこで働く知的障碍者の存在が大きいと原は述べている。

いっぽう，障碍者の働く各モジュラー工程を調整，統合する健常者マネージャーらは，活発なコミュニケーションを行い，自らに残った未だメタ認知的言語化していない身体知をお互いに交換させながら，全体工程を完成させていく。そして最終的には，障碍者の繰り返し熟練化によるメタ認知化された身体知の確立がモジュラー工程でなされ，それらを調整，統合するインテグラルの役割を担う健常者らは，それらメタ認知化された身体知で補えない隙間を埋め

る暗黙知的身体知を保有することとなる。つまり，工程構築における二者間の間身体的関係構築によるメタ認知化された身体知要素の移転，そして，最終的に相互補完された身体知の関係性をもつに至り，その関係性は工程アーキテクチャと整合しているといえる。

■第4節　調査と分析　 事例2

4.1　方法と手続き

本節では，知的障碍者を活用したチョーク製造販売企業である日本理化学工業株式会社について，知的障碍者でつくる日本工業規格（JIS）に適合する精度の高いチョークの製造工程を創り上げた身体知移転プロセスを調査分析する。調査分析手順としては前章と同様であるが，本章では工程改革による身体知移転プロセスのステージアップについても分析，考察する。

同社については大山泰弘（2009，2011）に詳しく述べられていることから，以下，大山（同上）に基づき記述する。なお，同社本社ならびに工場へは法政大学大学院・坂本光司研究室20数名にて視察を実施（2012/3/8，09:30～11:30）し，大山より講話形式にて同様の内容を聴取した。

4.2　調査対象企業の概要

1937年設立，神奈川県川崎市本社にて，資本金2000万円，売上約5.5億円，チョークの専門メーカーであり，特にダストレスチョークでは国内トップシェア。ホタテの貝殻を原料として活用した粉が飛び散らないダストレスチョークを初めて量産化することに成功し，この商品で文部科大臣発明奨励賞を受賞している。同社のホームページによると，従業員数は2012年6月時点73名で，内70％強に相当する54名が知的障碍者である。

4.3　チョーク製造工程

第2章でみたとおり，工程は，①原材料の混合，練り上げ，②色素材調合，棒状成型，③一定の長さに切断，④乾燥工程，⑤チョークの長さ（標準品63ミリ）に切断，⑥梱包（標準品1箱に12本×6段），⑦最終検品，出荷の大きく7工程である。

それら工程のほぼすべてを，知的障碍者が担っている点に特徴がある。大山（2011）によると，JIS 規格に適合する精度の高いダストレスチョークを知的障碍者のみでつくるという高い目標があった。JIS では，太さが10ミリから11ミリであることが求められ，出荷する全製品がその範囲であるためには，毎日の製造工程のなかで，器具の管理や製品チェックを厳密に行う必要が出てくる。

4.4 「はかる」行為についての常識を捨てる

材料の配合においては，使用する材料の種類を間違えず，重量を正確に量ることが必要となる。数字が苦手な知的障碍者は，正しく目盛りを合わせることができない。大山（2011）によれば，大山は知的障碍者が一人で判断して行動するのはどんなときかを毎日考え続けた結果，あるとき，道路を渡ろうと信号に目をやった瞬間に，知的障碍者は信号の識別はできていることを思い出す。そこで，材料の入っている容器の蓋の色と同じ色のおもりを乗せ，秤の針が真ん中に止まったら OK とした。

大山（2009）によると，JIS 基準の太さについても，チョークを成型する口金のチェックを通常はノギスを使って寸法を精密に測る必要が出てくるが，同社では，その規格の最大寸法よりわずかに細い検査棒を用意して，口金に検査棒を入れることを習慣づけて対応している。

4.5 さらなる工夫と改善

大山（2009）によると，同社のチョークは，口金から粘土状のものを押し出すことで円柱状の形をつくっており，それを60センチ程度に大雑把にちぎったものを板の上に並べて，カッターでチョークの長さにそろえ，乾燥炉に入れる。ここで問題となるのは，大雑把にちぎったときにできる潰れた部分をどう処理するかであるが，従前は乾燥後に手で一つひとつ折っていた。この作業にフォークを使用することで，大幅に簡素化することができた。

4.6 考　察

4.6.1 工程構築　日本理化学工業における現場で構築された工程デザインを，第3章では，障碍者が働く単純分業化されサブシステムとしてのモジュラー工程と，それらモジュラー工程を調整，統合すべく健常者が働く全体シス

テムとしてのインテグラル工程で構成される「外インテグラル，中モジュール」の重層的工程アーキテクチャで表現した。第3章では，ダストレスチョークに求められる機能を実現する工程アーキテクチャを，モジュラーで構成されるサブ製造ラインと，それらを調整，統合するインテグラル工程としてのメイン製造ラインの重層化として示し，これを「外インテグラル，中モジュラー」構造とした。

4.6.2 身体知移転プロセスのステージアップ　間身体性を通じた健常者マネージャーと知的障碍者との関係と，両者における身体知の移転については，日本理化学工業についても該当する。大山は，横断歩道の信号機を知的障碍者が識別することを思い出し，数字ではなく色を見てはかるという行為を開発する。知的障碍者が自ら判断して行動するのはどういうときかを考え抜き，自らのなかにある，数字を読んで「はかる」という常識を捨て去り，色や感覚で識別することで「はかる」など，障碍者に適合する「はかり方」を開発していく。これも「他者と癒合した状態を生きている」状態，つまり健常者と障碍者との間身体的な関係性が，健常者の身体知の変数に気づきを与え，身体知のメタ認知的言語化による分節化を促進した事例に該当するものと思われる。

また，この行動は，現場従業員にも波及する。知的障碍の測る行為が苦手であることを感じ取り，どうすればJIS基準をクリアできるかを考え，口金のチェックに検査棒を用いることで，通常のノギスチェックに代わる基準をつくり上げた。つまり，健常者は知的障碍者との間身体性を通じた関係性のなかで，自らの身体知における分節点を発掘し，それをメタ認知的言語化しツールなどとして具現化したうえで障碍者へ移転したあと，障碍者はサブシステムとしてのモジュラー工程のなかでそれを繰り返し熟練する。いっぽう，健常者はメインシステムとしてのインテグラル工程において自らの暗黙知的身体知と相互補完させることでプロセスを確立していったのである。さらに，健常者は自らの残りの身体知をメタ認知的言語化し障碍者へ移転することを通じさらなる工夫と改善を推進するなど，身体知移転プロセスのステージアップがみてとれる。

■第5節　総合的な考察とモデル

　知的障碍者が活躍する現場の身体知移転につき，スワン，日本理化学工業の事例をみてきたが，2つの事例とも異なる業種ではあるものの，現場の健常者は知的障碍者と間身体的な関係を通じて身体知をメタ認知的言語化，具現化し，それを障碍者へ移転する。スワンベーカリーの原のパンづくりも，日本理化学工業の大山の色や感覚で「はかる」方法の開発も，知的障碍者との間身体的関係性を通じて気づきを得た健常者が，自らの無意識的，常識的行為における身体知の分節化を促し，メタ認知的言語化していく様子を端的に示している。図3-4における「ミラープロセス」は，健常者と知的障碍者との間身体的な関係性を構築する段階を示し，「分解プロセス」は，健常者自らの身体知の分節化からメタ認知的言語化を促す段階，「移転プロセス」は，そのメタ認知的言語化された身体知を具現化して健常者から知的障碍者へ移転する段階を示している。

　そして健常者は，メタ認知的言語化されない身体知を保有継続することにより，身体知の相互補完関係が成立する。図3-4における「相互補完プロセス」は，知的障碍者に移転したメタ認知的言語化された身体知で補いきれない隙間を埋める役割を健常者が担うことを示している。つまり，知的障碍者が保有するメタ認知的言語化された身体知と，健常者が保有するいまだメタ認知的言語化されていない身体知が相互補完されてはじめて，知的障碍者が活躍する生産現場における身体知移転プロセスは完成する。

　そして新たに，健常者側に残った身体知において知的障碍者との間身体性を通じたメタ認知的言語化が行われ，障碍者への移転が行われる。以下図3-4にてその様子を，ステージ1，ステージ2として表し，「健常者と障碍者の身体知の移転プロセスのステージアップ」として示す。

　また，障碍者と健常者の身体知の補完関係は障碍者が活躍する生産現場の工程アーキテクチャ「外インテグラル，中モジュラー」重層化構造と整合性を保っていることが判明した。以下図3-5において，健常者と障碍者における知の補完関係と重層的工程アーキテクチャとの整合性のモデルを示す。図3-

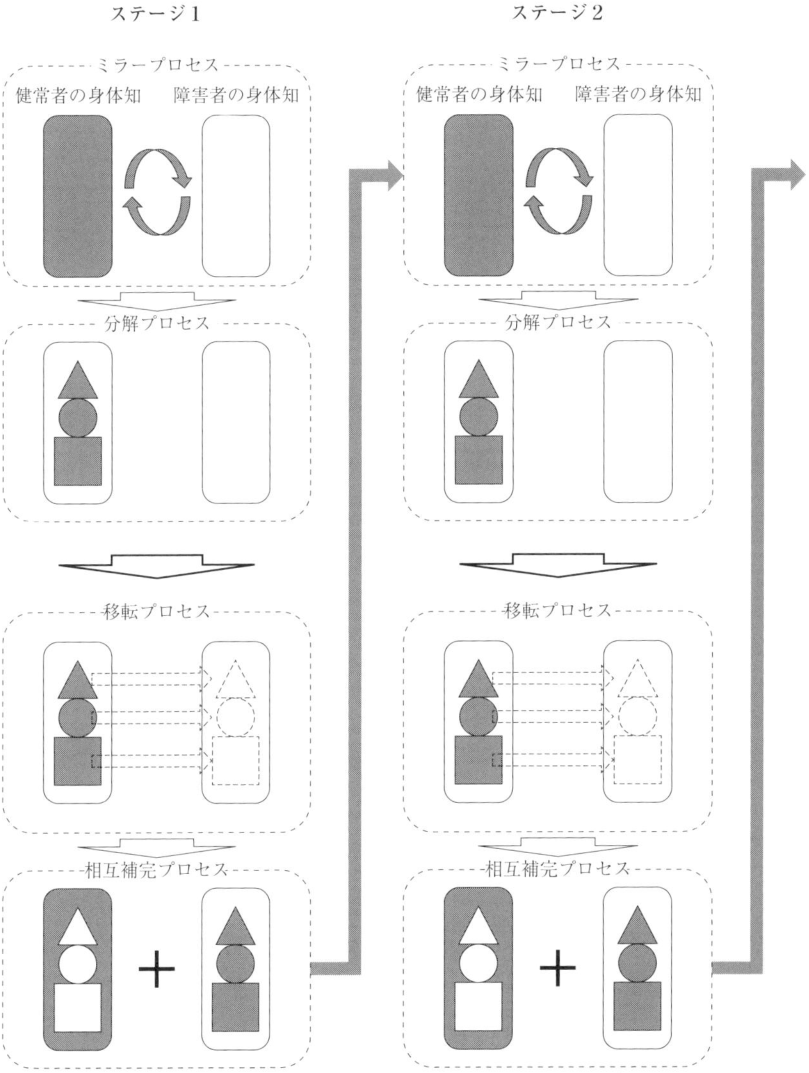

図3-4 健常者と障碍者の身体知の移転プロセスのステージアップ
出所:亀井・大橋・松野(2013)

第3章 知的障碍者活躍現場の身体知移転プロセス 65

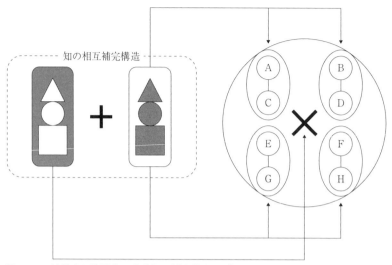

図3-5 健常者と障碍者の身体知の補完構造と「外インテグラル，中モジュラー」の重層的工程アーキテクチャとの整合性
出所：亀井，大橋，松野（2013）

5では，健常者から移転されたメタ認知的言語化し，多くはツールなどに具現化した身体知について，知的障碍者が繰り返しにより熟練することで，工程において整然と要素間の一対一関係，つまりモジュラー工程を構築する。いっぽう，健常者は残ったメタ認知的言語化されない身体知を使い，それらモジュラー工程間を調整，統合するインテグラル工程を形成することを，身体知の補完構造と重層的工程アーキテクチャの整合性としてスタティックに表現したものである。

■第6節 結 論

仮説について，2社における事例にて検証した結果を示す。第一の仮説「健常者は知的障碍者との間身体的な関係性のなかで，自らの身体知はメタ認知的言語化していく」について述べる。2つの事例とも，健常者は障碍者との間身体的な関係性を通じ，自らの身体知の変数のメタ認知的言語化，つまり要素化を行っていったことが判明し第一の仮説は明らかとなった。第二の仮説「健常

者から知的障碍者へメタ認知的言語化した身体知の移転が行われ，健常者側に残った身体知との相互補完関係が成立している」と第三の仮説「知的障碍者が活躍する生産現場における身体知の相互補完関係は，その工程アーキテクチャと整合している」については，いずれの事例においても，メタ認知的言語化された身体知は健常者から障碍者へ移転され，健常者はメタ認知的言語化されない身体知を保有継続することで，身体知の相互補完関係を構築し，それは障碍者活躍現場の工程アーキテクチャと整合性を保っていることが判明した。よって第二，第三の仮説も明らかとなったものである。

■引用・参考文献一覧■

1. 亀井省吾・大橋正和・松野良一 (2013)「知的障碍者が活躍する生産現場における身体知移転プロセス」『情報文化学会誌』Vol.20, No.2, pp.51-58.
2. 野中郁次郎・紺野登 (2012)『知識創造経営のプリンシパル』東洋経済新報社.
3. Merleau-Ponty, M. (1945) *Phénoménologie de la perception*, Gallimard（竹内芳郎・小木貞孝訳 [1967-1974年]『知覚の現象学』1-2, みすず書房）.
4. Merleau-Ponty, M. (1959) *Le philosophe et son ombre, Signes*, Gallimard（竹内芳郎・木田元・滝浦静雄ほか訳 [1970年]「哲学者とその影」『シーニュ2』みすず書房）.
5. 奥井遼 (2011)「Merleau-Pontyにおける「間身体性」の教育学的意義：身体の教育」再考」『京都大学大学院教育学研究科紀要』Vol.57, pp.111-124.
6. 野中郁次郎・遠山亮子・平田透 (2010)『流れを経営する』東洋経済新報社.
7. 野中郁次郎・勝見明 (2010)『イノベーションの知恵』日経BP社.
8. 諏訪正樹 (2005)「身体知獲得のツールとしてのメタ認知的言語化」『人工知能学会誌』Vol.20, No.5, pp.525-532.
9. 松原正樹・西山武繁・伊藤貴一・諏訪正樹 (2010)「身体的メタ認知を促進させるツールのデザイン」, SIG-SKL-06-03, pp.15-22.
10. 石原創・諏訪正樹 (2011)「身体的メタ認知を通じた身体技の指導手法の開拓」身体知研究会, SIG-SKL-09-03, pp.19-26.
11. 牧野節子 (2003)『はばたけスワンベーカリー』汐文社.
12. 大山泰弘 (2011)『利他のすすめ』WAVE出版.

第4章
紐帯活用とアーキテクチャ・ダイナミクス

　第2章におけるアーキテクチュラル・イノベーションによる効率化を追求すると外モジュラー中モジュラー傾向となる。世の中は，グローバル化が進み，コモディティ化サイクルのショート化が顕著であり，環境条件への適応からアーキテクチャが完全な外モジュラー中モジュラーの重層的工程に行き着いてしまうのは自然な流れともいえる。しかしながら，そのような完全効率化された現場で，はたして知的障碍者の雇用が維持しつづけられるかは疑問である。第2章の事例でみてきた3社はいずれも，効率化と高付加価値化を同時追求してきたモデルである。事実，エフピコはより軽量高品質化したリサイクルパックの開発に余念がなく，日本理化学工業はダストレスチョークを開発し，またスワンベーカリーも多品種のパンを開発しつづけている。今後も，顧客選好などの外部環境に対応すべく，アーキテクチャを変容しつつも，高付加価値化と効率化の同時追求をしていくことが想定されるが，はたしてその仕組みとはどのようなものか。

　第2章においては，知的障碍者を活用した生産現場の立ち上げから今日に至る姿をクローズドな工程アーキテクチャで描いてきたが，不確実性が増大し，コモディティ化の進む今日においては，外部環境とのオープンな関係性をもつことによる社会との相互作用のなかで，持続的成長を可能とするアーキテクチャモデルを構築することが重要となる。常に顧客選好や社会の要請を取り入れ，また，情報発信すべく外部へのオープン性を確保しつつ知的障碍者が活躍する現場とはどういうものか。前章では描ききれなかった真なるサステナブルモデルとなるアーキテクチャ解明を本章の課題とし，外部環境変化に対応したアーキテクチャモデルを考察する。

　本章では，企業が不確実性を伴う環境下において，持続的成長を遂げるため

の新規事業創出を行うプロセスにおける変化を2つの視点から考察する。1つは組織間の紐帯という観点，もう1つはこの紐帯の強弱変化を「インテグラル，モジュラー」と「オープン，クローズド」というアーキテクチャにてダイナミックにとらえていく。資源制約に直面しがちな中小企業にも関わらず，新規事業創造を行う中堅テントメーカーを分析する。結果として，これら新規事業プロセスの創出において，紐帯の強弱とアーキテクチャは四段階にて推移することを明らかにした。

■第1節　仮説の構築

1.1　先行研究レビュー

1.1.1　企業の寿命に関する研究　　Geus, A.D. (2002) によると，世界の企業寿命については，フォーチューン・グローバル500（世界の企業の売上高をランキングしたリスト）にランキングされている企業の平均寿命は40〜50年である。清水剛（2004）は戦後日本企業の安定性を，東京証券取引所第1部に上場している期間を寿命の代理変数ととらえた考察のなかで，「1990年代の後半から2000年代にかけて急速に企業の短命化が進行している」と述べている。

関本昌秀（1982）は「組織は，人間と同じようにライフサイクルをもつ」と述べ，Mcgrath, R.G.（2013）では，デジタル革命，世界のフラット化，参入障壁の低下，グローバリゼーションが進行し刻々と変化する世界において，競合他社や消費者の動向はあまりにも予測がむずかしく，本当に持続する優位性を築ける企業は稀としたうえで，一時的競争優位のライフサイクルを素早く回すことが肝要と述べている。

1.1.2　中小企業の成長戦略と組織間関係　　山倉健嗣（2009）では，中小企業の定義を資源面で制約をもった企業とし，その制約のなかで自らのもつ技術的，組織的強みを生かし，環境のなかで生き残っていくものとして示している。黒田英一（2002）は，中小企業の持続的成長モデルを，「再創造モデル」とし，核となる知識をもとにニッチ市場を次々に渡り歩くニッチ市場渡り歩きモデルとして示している。

植田浩史（2004）では独創的中小企業の条件として「自社に不足している点を自覚し，外部の資源を有効に活用していること」をあげ，加護野忠男（2005）は「独自のプロセスを構築する」点をあげている。山倉（1995）では組織間協働を，2つ以上の組織が相互作用し，交渉することを通じて組織間の問題の共通理解を形成していく過程としている。また，組織は他組織との結びつきによって，新たな能力を学習するだけでなく，新たな能力を創造していくとし，組織との合弁によって組織は今までにない知識を実地に経験し蓄積するとしている。こうした知識学習の過程において，当事者メンバーが親密になり協力することが必要で，形成される知識は移動することがむずかしい固着的な知識であり，関係特定的知識にほかならないとしている。また，コーポレートアライアンスについて，互いに欠けている資源を補うといった相互依存性をベースとした関係でもあるとし，その効用として，内部開発よりも早いスピードで資源を獲得する相互補完効果，従来自らにはない行動様式について実地に経験する学習効果，異質なものにふれることで刺激を受ける活性化効果の3点をあげている。

　Badaracco, J.L.（1991）は，企業は自社と外部とを分断してきた境界を自ら破壊し，曖昧にすることで，外部環境の急激な変化に対応してきたとし，Spekman, R.E. and Forles, T.M.（1998），Spekman and Isabella, L.A.（1999）では，アライアンスプロセスを，可能性を探りパートナー条件を設定する第一段階，パートナー特定化の第二段階，アライアンス条件が交渉され評価される第三段階，仕組みが設定され事業活動が調整される第四段階，コミットメントされ資源が配分される第五段階，微調整を行いながら継続されていく第六段階として提示されている。

　1.1.3　新規事業創出とオープンイノベーション　　新規事業創出におけるオープン・ダイナミクスは，情報社会の生み出した知識創造の形態としてイノベーションをとらえたヘンリー・チェスブロウ他（2008）に詳しい。企業はもはや単独で事業開発を行っても，イノベーションを引き起こすような製品やサービスを生み出すことはできない時代になったとして，他社や他組織の技術

力，人材，組織力といった経営資源をうまく活用し，新しい事業，ビジネスモデルを，より効率的に早く実現する経営戦略をオープン・イノベーションと名付け，知識の流入と流出を自社の目的に適うように利用して社内イノベーションを加速するとともに，イノベーションの社外活用を促進する市場を拡大させることとしている。オープンイノベーションは社外とのネットワークを活用し価値創造を行うイノベーションともとらえることができる。

　1.1.4　アーキテクチャ・ダイナミクス　　Ulrich, K.（1995）は，製品アーキテクチャとして「機能体系のなかで機能要素と部材が一対一対応しているもの」をモジュラー・アーキテクチャ，「機能要素と部材が一対一対応でなく複雑な対応を持っているもの」をインテグラル・アーキテクチャと分類し，機能により定義した。これに対し Baldwin, C.Y. and Clark, K.B.（2000）は構造の関係性に基づいて「モジュール」概念を「その内部では構造的要素が強く結びつき，他のユニットの要素と比較的弱く結びついているひとつの単位である」とした。藤本隆宏・武石彰・青島矢一（2001）はビジネス・アーキテクチャの概念を，製品アーキテクチャ，工程アーキテクチャ，サービスアーキテクチャとそれらの相互依存関係で規定した。青木昌彦・安藤晴彦（2002）ではモジュール化を単なる分業ではなく，全体として統一的に機能する包括的デザイン・ルールのもとで，より小さなサブシステムに作業を分業化・カプセル化・専門化することによって，複雑な製品や業務プロセスの構築を可能にする組織方法をさすとしている。このことにより，複雑性が管理可能なものとなり，相互に調整しない並行作業が可能になり，下位システムの不確実性の問題に対処できることを示した。なお，このモジュール化に対し，藤本（2004）は，構成要素間の相互依存関係を維持した「擦り合わせ型（インテグラル型）」のビジネスアーキテクチャの重要性を主張している。そして柴田友厚（2008）は「モジュラー型」と「インテグラル型」の往還をモジュール・ダイナミクスとして分析している。

　中田行彦（2010）では，インテグラル型産業に集中し組織間知識創造プロセスを解明している。中田（2010）は，インテグラル型についてすべての条件と

暗黙知を共有し，相互に相手の状況を読みながら微調整を繰り返すことで全体を成立させる仕事の進め方と定義したうえで，インテグラル産業における組織間の関係性を相互依存性とその変化に着目して組織間知識創造プロセスを解明している。その組織間知識創造を知識相互創造としたうえで，組織間で知識を共有，創造，蓄積する行為であるとし，組織間知識創造の繰り返しにより，組織間相互依存の数は多くなったり少なくなったりの変動を繰り返すとしている。つまり，インテグラル産業において，組織間相互依存は一定ではなく，時間の経過とともにダイナミックに変化していくことを見いだしている。

　国領二郎（2001）では，オープン・アーキテクチャをモジュール型の一類型と位置づけたうえで，モジュール間を結ぶインターフェースが特定の会社の製品間だけでなく，広く社会的に公開され共有されて数多くの企業の製品が自由に結合できる状態になったことと定義している。国領（2001）では，未来の製品アーキテクチャを展望し，オープン型とインテグラル型のハイブリッドや，単なるハイブリッドを超えたオープン性とインテグラル性を結合させ，モジュール方式の問題であったアーキテクチャの固定化について，サブシステム間の役割分担と相互作用する場合のアーキテクチャを早いサイクルで見直していく「進化するアーキテクチャ」を提案している。

　岸眞理子（2003）では，モジュール概念についてPerrow, C.（1967）によって提唱された組織の比較分析のための理論モデルを組織間関係に応用し，これに精緻化された情報処理モデルの視点を加えて，技術と組織の適合について検討している。Perrow（1967）の示した組織における相互作用のパターンは，技術（インプット）を変形するためになされる仕事と調和するように調整されなければならないとして，技術と組織の適合パターンを提示しているが，このモデルを応用し，組織がほかの組織とモジュール型の相互作用のパターンをとるか統合型の相互作用のパターンをとるかは，組織がインプットに対してなす行為との適合の問題として把握することで，モジュール型と統合型の対峙的2類型では解明できないアーキテクチャの重要性を指摘し，組織間関係のダイナミックな展開の論理的必然性を強調している。岸（2003）は不確実性削減レベ

ルと多義性削減レベルのマトリックス4象限において，適合するアーキテクチャを示し，組織間全体でのイノベーションを考える場合は，モジュール化された組織単位でのイノベーションを組み合わせて組織間全体のイノベーションを進行させるインクリメンタルなレベルと，モジュールの創造的破壊を伴う可能性もあるラディカルなイノベーションのレベルがあることをあげ，インクリメンタルからラディカル・イノベーションへの移行をスムースに行うアーキテクチャとして「オープンな関係性のなかのクローズドな世界」を提案している。インプットを変化させるための分析的探索が困難で例外的処理の頻度が低い技術環境のなかで，個々の組織はモジュール型アーキテクチャと同様にオープンな相互関係を保てるように連結ルールや調整すべき情報が形式化する一方，組織間全体で多義性に対処できるように，全体でコンテクストを共有できるような何らかのクローズドな関係を構築している。クローズドな世界を共有することで，モジュールの創造的破壊が可能になり，これがモジュール型から統合型へというダイナミックな展開のトリガーとなり得るとしている。

1.1.5 企業グループにおける紐帯の形成

山倉（2001）では，アライアンス成立において，パートナーをいかに発見するかが重要であるとしたうえで，企業の置かれているネットワークに強く影響を受けるとしている。若林隆久・勝又壮太郎（2013）においても，急速な技術進歩や顧客嗜好の多様化など環境の不確実性が高まっている状況では，企業は外部に存在する経営資源を企業間のネットワークを活用して手に入れることが重要であるとしている。西口敏広（2003）では，ネットワークを共通の目的のために，組織の限界を超えて，公式，非公式を問わず，メンバーシップが限られたなかで，意識的に調整された2人以上の人間の活動や諸力の体系と定義している。また須藤修（1995）はこのネットワークを組織に置き換え，「様々な主体が自立性を基礎にして自由に他社と交流し，個性および創造性の豊かなコミュニケーションを交わすことができる組織形態」と定義している。

Granovetter, M.S.（1973）は，弱い紐帯の強い効果を明らかにした。紐帯とは個人と個人の2者間の関係を表すとしたうえで，転職において強い紐帯よ

りも弱い紐帯のほうが有利であることを示した。また弱い紐帯がネットワーク内で各主体者の橋がけ機能を果たすことを明らかにしている。つまり弱い紐帯は冗長性のない情報を提供する可能性が高いことを示している。近能善範（2003）は，強い紐帯の優位性としてきめ細かくリッチな情報や暗黙知の交換が促進されやすい面をあげ，弱い紐帯の優位性として新しい情報にアクセスするための情報経路になることを指摘している。境新一（1996）は，紐帯を企業と企業の2社関係にてとらえ，企業グループの紐帯形成をダイナミックに記述している。Hansen, T. et al.（2005）によると知識移転に適するネットワークは，紐帯の強度の観点からは，弱い紐帯のほうが知識を効率的に移転できるとしている。なぜなら，たとえ相手が必要な知識を有していなくとも，強い紐帯に頼ってしまい，幅広い探索が行われなくなってしまうからであるとし，紐帯が弱ければ，容易にその数を増やすことも可能であり，幅広いつながりのなかから必要な知識を探索できるとしている。また，直接的なつながりの背後にある間接的なつながりをあげ，直接的なネットワークがなくとも，その先でつながっているメンバーネットワークがあればよく，この意味で密度が低く間接的なつながりが豊富なネットワークが知識移転に適合するとしている。つまり，強い紐帯に比べて弱い紐帯は新鮮な情報を提供してくれる可能性が高いことを示している。Watts, D.J.（1999, 2003, 2004），Watts and Strogatz, S.H.（1998）では，結節点同士が，隣とその隣に規則的に接続する方式のレギュラーなネットワークの一部にランダムなリワイヤリング（伝達経路のつなぎ直し）を加え，短い経路だけだったネットワークの一部に長い経路を混在させたスモールワールドネットワーク理論を創出発展させている。レギュラーなネットワークは秩序立ってみえるが，ある一点から遠くの点に情報伝達しようとするとステップ数が増し伝達遅延や情報移失が増える。スモールワールドネットワークは，大方規則的で振るまいが予測できる一方，一部のランダム接続によって，通常流れにくい情報が結びついた点の間に一挙に流れ，その近隣点にも遠くの情報が伝わり，ネットワーク全体が著しく活性化するという。この現象は全体経路の短縮と呼ばれ，ネットワークのスモールワールド化を促

す。Wattsのシミュレーションでは，スモールワールドネットワークは新しい機会を探索し，全体の情報伝達をよくする点でレギュラーやランダムなネットワークに比べて格段に優位なことが判明している。西口（2005）では，このランダムなリワイヤリングについて，現実の社会ネットワークでは，純粋にランダムなリワイヤリングはきわめてまれで，通常，方向性をもった探索や見込みによる絞り込みを伴うとしている。

西口（2007）では，社会システムの循環を4つの段階でとらえている。第一段階として，社会システムの本質を共通目的のために，意識的に調整された二人以上の人間の協働活動や諸力の体系とし「分出」する。第二段階として組織を公式かつ統一的な命令系統によって律せられ，その境界が明確に定められた社会システムの一形態と定義し，その境界によって組織の構成員とそれ以外の人々を明確に区分けしているとしたうえで，組織は非構成員の「排除」によって成立するとしている。第三段階として組織が環境変化に対し適合していくために，その境界を越えた諸々の社会システムやほかの組織，それらとのインターフェイスをネットワーク利用することにより，組織間，システム間の「浸透」性を維持する。第四段階として環境変化に応じて「脱分化」していく。このプロセスを経て次の新しい社会システムを分出する条件を整えて循環形式は一巡するとしている。

1.2 仮説の構築

1.2.1 先行研究の小括　企業の寿命に関する先行研究では，Geus（2002），清水（2004）が企業にも寿命があり近年短命化してきていることを述べている。また関本（1982）は組織もライフサイクルをもち，環境変化に応じて組織も変化するとし，Mcgrath（2013）は環境変化激しく複雑性の増す世界において持続優位性を築くことは困難としたうえで，一時的競争優位のサイクルを早く回すことが肝要と述べている。

中小企業の成長戦略と組織間関係では，黒田（2002）は，中小企業の生き残り戦略をニッチ市場渡り歩きの再創造モデルとしてまとめている。山倉（2009）は中小企業の定義を限られた資源制約のなかで自らの強みを生かし環

境のなかで生き残るものとしてとらえ，独創的中小企業の条件を，植田（2004），加護野（2005）は，外部資源を有効活用し，独自プロセスを構築する点に求めている。組織間協働について山倉（1995, 2009）では，2つの組織の相互作用のプロセスとし，形成される知識は関係特定的，固着的としている。環境変化についてBadaracco（1991）は，企業は自社と外部とを分断してきた境界を破壊し曖昧にすることで対応してきたとしている。

　チェスブロウ（2008）は，社外とのネットワークを使って価値創造を行うイノベーションスタイルをオープン・イノベーションととらえた。

　アーキテクチャの観点からは，中田（2010）はインテグラル型産業における組織間相互依存がダイナミックに変化していくことを見いだし，国領（2001）は，進化するアーキテクチャとして，オープン性とインテグラル性の結合を提案している。また岸（2003）は，イノベーションの質をインクリメンタルからラディカルにダイナミックに転換するために，オープンな関係性のなかのクローズドな世界というアーキテクチャを提示している。

　紐帯形成においては，Grnovetter（1973）が，弱い紐帯がネットワーク内の橋がけ機能の役割を果たすことで冗長性のない情報提供をする可能性を示唆し，Hansen and Lovas（2005）は知識移転における弱い紐帯の優位性を示している。いっぽう，近能（2003）は強い紐帯，弱い紐帯の各優位性を整理し，境（1996）は紐帯を企業二者間関係にてとらえダイナミックな記述を行っている。Watts（1999）らはスモールワールドネットワークの情報伝達における優位性を提唱し，西口（2007）は社会システム循環を，分出，排除，浸透，脱分化としてとらえ浸透におけるスモールワールドの活用優位性を述べている。

　以上の先行研究から，環境変化に対する組織間協働についてそれぞれの見地からその重要性が述べられ，ネットワーク活用において弱い紐帯，強い紐帯のコンテクストに応じた活用が提案されていることがわかる。また，アーキテクチャにおいてもコンテクストに応じた活用やダイナミクス転換への新しい知見が示されている。しかしながら，協働する組織間或いは二者間の関係性について，ネットワークとアーキテクチャを同期させつつダイナミックにプロセス変

化を記述したものは見当たらない。本書においては，組織間あるいは二者間協働におけるダイナミックなプロセスを解明するべく，紐帯とアーキテクチャに着目し，それらをダイナミックに同期させつつ，プロセス記述を行っていく。

1.2.2　仮説構築　本研究の目的は，不確実性の高い環境下，企業が持続的成長を遂げるのに不可欠な新規事業創出プロセスにおける紐帯の動態的変化を2つの視点から明らかにするものである。第一に，新規事業創出における紐帯の強さが果たす役割を明確にすること。第二にその紐帯のプロセスをオープンとクローズドおよびインテグラルとモジュラーで記述されるアーキテクチャ体系にてダイナミックに記述することで，紐帯の強弱変化を浮き彫りにすることである。

複雑化，不確実性が進行する現在において，資源制約があるゆえに専業化する傾向性の強い製造中小企業は，どのように外部資源を見つけ，利用し独自プロセスを構築していくのであろうか。外部から知識を取り入れ固着化し，そして環境変化に応じて脱分化していくプロセスとはどのようなものか。これらのダイナミックなプロセスを紐帯の強弱とアーキテクチャにより記述していくことにより明らかにしていく。Watts（1999）は，スモールワールドにおける情報伝達の優位性を示した。また西口（2005）では，社会システム循環のプロセスのなかでのネットワーク活用を提案している。岸（2003）は，ラディカル・イノベーションへダイナミック転換するアーキテクチャを提案している。それらリサーチ・クエスチョンと先行研究をふまえ，新規事業構築プロセスにおける紐帯の強さと二者間アーキテクチャに着目し，以下の仮説を構築する。

【仮説】　二者間における新規事業創出プロセスについて，紐帯の強さとアーキテクチャは以下の四段階でダイナミック推移する。

第一段階：当初は弱い紐帯を形成し，オープン・モジュラー関係にある。
第二段階：次第にその紐帯は強くなり，徐々にクローズド・インテグラル化していく。
第三段階：強い紐帯を形成し，クローズド・インテグラルを形成。
第四段階：次第に紐帯は弱まり，徐々にオープン・モジュラー化していく。

■第2節　課題と方法

　本研究の課題は，資源制約のある中小企業の生き残り策としての重要な課題である外部資源を生かした新規事業創出プロセスについて，資源制約から専門特化せざるを得ない中小製造業の事例を通じて明らかにしていくことである。企業において外部資源となる他社の探索，出会いから始まり，事業構築，そして新たな環境変化に対しての外部資源探索のダイナミックプロセスを，紐帯の強さの変化，機能とプロセスの対応関係に着目した工程アーキテクチャの変化という2つの変化を同期させつつ記述していく。

　方法としては，新規事業創出に成功した中堅テント製造販売業者事例から，そのものづくりにおける外部との紐帯強弱変化と，その工程変化をアーキテクチャ概念にてデザイン記述することを試みている。また，事例分析については，当該企業の新規事業現場などの視察と経営者，工程立ち上げ関係者，外部資源サイドへのインタビューを通じ，動態的変化に主眼を置きつつ実施している。

■第3節　調査と分析

　実際のものづくり中小企業である株式会社もちひこを先端研究事例とし，その既存事業である産業用テント製造販売から商業用テント新規事業創出プロセスを紐帯とアーキテクチャ概念にてダイナミックに記述し仮説を検証する。調査分析手順として，①まず当該企業と新規事業の概略を記述，②関係者へのインタビューを記述，③工程変化のプロセスを記述する。

　3.1　株式会社「もちひこ」について

　1987年10月，現社長・望月伸保の父である望月彦男が，信栄工業株式会社を設立した。1988年に株式会社「もちひこ」へ商号変更すると同時に，現本社所在である静岡市清水区由比町屋原340に移転する。資本金2200万円，従業員数約40名，工場数2カ所，事業所数3カ所（静岡，東京，名古屋）の産業用テントメーカーである。設立当時はN社[1]の下請企業としてピーク時で売上5億円程度を計上していたが，バブル崩壊に伴うN社業績低迷などの影響により，1994年には売上が3億円程度まで落ち込み経営不振となった。会社の存続を考

え1995年にメーカーとして独立。独立当初の顧客0の状況から2000年に売上10億円を達成，2006年には16億円を突破と順調に成長してきたが，その後は売上11～15億円の間を推移している状況である。

同社が属する日本テントシート工業組合連合会加盟テント業者数についても，2007年に1119社から2011年9月時点で937社と減少しており，この4年間でおよそ1割強の業者が倒産，廃業，統合などしている状況が推測される。このような状況下，2012年より着手した株式会社時之栖との浜松フルーツパークプロジェクトは，これまで手掛けてきた産業用とは異なる商業用への進出となり，株式会社「もちひこ」にとり重要な新規事業となっている。

3.2 浜松フルーツパークにおける商業用テント新規事業

浜松市フルーツパークは，静岡県浜松市北区都田町4263-1に位置する面積約43万平方メートルの植物園である。1996年10月開園時から財団法人浜松市フラワー・フルーツパーク公社が浜松市フルーツパーク条例に則り管理運営してきている。植栽は160種，4300本に及び，中心施設であるトロピカルドームでは，熱帯果樹80種，330本が植栽され，ブドウ，ミカン，リンゴ，イチゴ果樹園のほか，くだもの植物園では柑橘類を中心に32種，100品種，288本が栽培されている。

開業以来の年間集客は15万人程度と赤字続きになっていたことから，市は指定管理者制度[2]を導入し，2013年4月より株式会社時之栖が指定管理者として管理運営している。時之栖は，株式会社米久（大手食品メーカー，現東京証券取引所1部上場）の創業者である庄司清和が2004年3月に設立，静岡県御殿場市神山719に本社設置し，静岡県中心にホテル，レストラン事業を主体とするレジャー業者である。同社のホームページによると，2012年度の売上は連結で149億円としている。

時之栖に運営管理が移転した4月以降11月までの集客はすでに30万人と8カ月ですでに従前の実績を上回って推移しており，年間では従前実績の3倍以上となる50万人程度の集客が見込まれている。今般の指定管理者入札は，同社の他数社が参加しているが，最終的に同社に選定された理由について，浜松市公

図4-1 テントを活用した飲食施設：左から外観（昼），外観（夜），内観
出所：「もちひこ」提供

　表の「浜松市フルーツパークの指定管理者の候補者選定結果」[3]では，「設備投資の手段等にも具体的な工夫があり，民間の資源やノウハウを活かした事業提案」とし，選定基準・評価結果（採点結果）の「事業提案について」項目における評点が次点業者と開きがあることが見受けられる。時之栖の提案は，「もちひこ」が建設したテントを活用した飲食施設やイルミネーションの取り合わせという点で主に評価され，実際に多くの集客を呼んでいる（図4-1参照）。

3.3　関係者インタビュー内容

　以下は，今般プロジェクトの関係者へのインタビューである。3.3.1に質問についての回答を記述した株式会社時之栖代表取締役・庄司清和のインタビューは，時之栖が経営する静岡県御殿場市神山719所在の御殿場高原ホテルBU会議室にて，同社施設営業部部長勝俣栄同席の下に実施（2013/12/7，9:30～11:30）。3.3.2に質問についての回答を記述した西村建築設計事務所代表取締役・西村晴道へのインタビューは，静岡県静岡市葵区横田町1番21号所在の西村建設設計事務所本社応接室にて実施（2013/12/26，10:00～11:30）。3.3.3に質問についての回答を記述した株式会社「もちひこ」代表取締役・望月伸保へのインタビューは静岡県静岡市清水区由比町屋原340所在のもちひこ本社会議室にての計3回実施（2013/12/6，19:00～21:30；2013/12/26，16:00～18:00；2014/1/11，16:00～18:00）したほか，浜松フルーツパークを同行視察訪問（2013/8/8，15:00～18:30）している。3.3.4に質問についての回答を記述した株式会社「もちひこ」設計課課長・柚木勝昭へは御殿場高原ホテルBU施設内食堂にて，もちひこ本社会議室にての計2回（2013/12/7，11:30～13:00；2013/12/

26, 12:00～13:00) 実施。3.3.5に質問についての回答を記述した株式会社「もちひこ」製造・望月博人へはもちひこ本社会議室にて実施 (2013/12/26, 13:00～15:00)。3.3.6に質問についての回答を記述した株式会社「もちひこ」営業部板倉正幸へはもちひこ本社会議室にて実施 (2013/12/6, 17:30～19:00) した。なお，各面談は回答者と質問者が一対一の対面による面談方式にて実施している。

3.3.1 株式会社時之栖代表取締役会長・庄司清和へのインタビュー内容

質問1：浜松フルーツパークを引き受けた経緯について　浜松フルーツパークは，浜松市により約15年間以上運営管理されてきたが赤字続きであった。昨年は3.5億円程度の赤字を計上している。この施設運営が指定管理者方式に変更されるという話を聞き，候補者として手を挙げた結果，選定され2013年4月から2016年3月まで運営を行うこととなった。手を挙げた動機は，この施設が160種もの果物を学術的に管理した施設であり，ロケーションも悪くなく，集客という問題点を解決すればうまくいく可能性があると判断したからである。

当社が指定管理に指名された最大の要因は，ほかの候補者の事業計画が指定管理料の範囲で投資を考えたものであったのに対し，当社のそれは長期的観点に立ち，指定管理料の何倍もの投資をすることを掲げていた点にあると思われる。3年ではとても採算が合わない投資でリスクを負っての事業となるが，一般市民の集客にはサプライズが必要と考えた。従来の施設には飲食施設がなかったことから，集客の目玉を飲食と置き，レストランをやろうということになった。そのレストラン施設をテントでと考え，株式会社「もちひこ」に依頼したものである。

質問2：なぜレストラン施設をテントで創ろうと考えたのか　時代の変化が激しいなか，鉄筋，鉄骨構造物は変化に対応しにくい。低コスト，短納期で建設可能で，かつ耐久性の高いテントが有利と判断した。ただし，その場を凌ぐ傾向が強いテントの弱点を補完し長期的価値を賦与するために，いくつかの仕掛けを用意した。たとえば，なかにメリーゴーランドを入れるという意外な仕掛けやテントと相性のよい天竜杉の木を屋根の下に配置するなどである。

また，なかの食堂や外のイルミネーションを引き立てるにはテントがマッチすると考えた。周りの雰囲気を勝たせるにはテントがよい。堅牢な建物でがんじがらめでは周りが引き立たない。いわば商品を引き立てる商業者の知恵である。蕎麦屋は古い建物ほど風情が出て，そこで蕎麦を食べるとうまく感じるものである。倉庫などに供される産業用テントの雨風を凌ぐ機能を観光にうまく転用し，周りの植物，自然と価値観を共有させる。言い換えれば自然を引き立て，邪魔をしない素材ということもできる。

　どんな遊びやイベントも5年程で顧客は飽きる。機動性が重要だ。その点，テントは色を変えたり，フィルムでデコレーションしたり，そういう変化づけが可能である。3年後にはいちごのフィルムを張ったテントにリニューアルしているかもしれない。観光はオープン時が最高とみないといけない。その後は右肩下がりである。そのときに建て替えなど必要となるが，テントであれば随時変化をつけることができる。テントのなかの照明を工夫することで，夜のテントの色も自在に変えることができる。

　質問3：「もちひこ」を採用した理由　　以前，時之栖スポーツセンターのゼネラルマネージャーの阿部章[4]から，サッカー場施設に「もちひこ」のテントを使おうとの話があった。産業用テントの機能性についての話と共に名前を覚えており，しっかりした業者というイメージがあった。事実，今回のテント施設についても満足するできである。

　質問4：現在の集客はどうか　　集客は従来15万人だったところ，4月からの集客は30万人と，年間では50万人位いくだろうと見込んでいるが決して満足していない。浜松の人口が100万人であるから，いまだ全市民が1回来ていることにはならない。昼の集客が多く，夜の一層の集客が必要。昼は中高年シニア，夜は若い人が多い。

　質問5：今後のテントを使った展開について　　現在，日本中のチームが合宿等を行う御殿場サッカー場[5]の食堂テント施設建設を「もちひこ」に依頼している。その次は，市街地でテントカフェを展開しようと考えている。アフリカ桜，ヒバ，ヒノキなどの木をT字に切り外壁にしようと考えている。3分の

1のコストで通常の建物の何倍もの効果を狙っている。

3.3.2 西村建築設計事務所代表取締役西村晴道へのインタビュー内容

質問1：時之栖との関わりとテント活用の背景 時之栖会長の庄司とは25年にわたる付き合い。これまで同社が運営する御殿場高原ビール醸造所，時之栖サッカークラブハウス，ホテル時之栖静岡などの設計を手掛けてきている。

質問2：浜松フルーツパーク事業について 庄司から，今回の指定管理方式への応募においてテントを活用したいとの話があり設計を担当することとなった。テント主体の分離発注方式[6]で行うということであったが，テントは「もちひこ」でという希望であった。もう少し詳しくいうと，最初の話は，天竜の家というテーマで木枠の発想が先にあり，それを覆うものとしてのテントという発想につながっている。また，なかの照明による外側へのイルミネーション効果という観点もあった。収支計算したところ，3年の指定管理期間を考慮すると通常の建物に比べコスト優位性も高いことがわかった。自分としても前職の住友建設時代から膜構造との関わりが深くおもしろい案件だと思った。

質問3：「もちひこ」との関係とテント業者決定背景 時之栖スポーツセンターの阿部の紹介が最初であった。地元大手企業であるトーカイのテントも手掛けていることから，実績あるテントメーカーとの認識もあったので，今回の会長からの指名について同意した。通常テントも入札するはずだが，過去のサッカー場のときの対応からの経験で決めたのであろう。

質問4：実現に向けて苦労した点 庄司からの話があってすぐ絵を描いて模型をつくり持参し，その発想の具体化に入った。まず木枠などの内装デザインが決まったあとに外装デザインとなる。当局の許認可をクリアする構造にしなくてはならない。たとえば，火器を使う厨房部分はテントから切り離し，テント屋根から分離しての木枠設置など構造上の工夫が必要であった。テント構造計算についても，「もちひこ」とも相談のうえ，極力単純なパターンにもっていき確認申請に対応できるようにした。現場へは担当者を派遣し，3カ月間，各業者との打ち合わせを頻繁に行い，関係者全体会議も週1回のペースで開催し，庄司との打ち合わせによるデザイン変更に現場が対応できるようにした。

たとえば，テント内に採光を入れるための透明シートの導入など「もちひこ」やシート業者との打ち合わせのなかで解決策を見いだしていった。

3.3.3　株式会社「もちひこ」代表取締役・望月伸保へのインタビュー内容

質問1：既存産業用テント事業について　従前は，産業用テント倉庫一本に依存していた状況であった。ここ3年ほどで防災商品やイベント商品も扱っているが全体の売り上げの3％にも満たなかった。現状はテント倉庫について，商品をいかに安くするかの競争になってしまっており，2010年にはこれまで30％以上確保していた粗利率が20％にまで落ち込んだ。テントの役割自体が本建築より安く簡単に建てられればよいというものとして要求されていたこともあり，それ以上の付加価値はあまり要求されることはなく，すでにコスト低減も限界に近くなっており，この商品だけをただ製造し，販売していくには限界がきていた。

質問2：新規事業活動について　テントをもっと違うフィールドで展開していけないものかと考え始めた。これまでは民間の工場にだけ納める商品であり，自動車部品の倉庫や鉄鋼会社の錆防止のための倉庫，運送会社の雨天荷捌き場に掛けるテントに特化していたが，テントはもっと社会で利用されるべきものではないかと考えるようになった。2010年以降防災関係として，3.11の震災で被害を受けた宮城県三陸仮設魚市場の建設プロジェクト[7]への参加など，これまで工場等産業用テント営業一辺倒であった自分の行動パターンも変化してきた。そのような行動が静岡新聞に取り上げられたりした。

質問3：時之栖とのきっかけ　数年前その新聞記事を見たと庄司会長から電話が入った。これまで面識もなく，営業してきた部品や建築資材業者など産業用とはまったく違う分野の企業であることから，付き合いは年賀状の交換などにとどまっていた。あるとき，中学時代のサッカー部の顧問から紹介された地元高校の校長先生より，時之栖スポーツセンターのゼネラルマネージャーをしている阿部の紹介を受けた。そのときから，時之栖が管理運営する御殿場サッカー場の施設へのテント建設について，設計課長の柚木と共に提案するようになった。しかしながらそのときは，法令上の関係でテント建設の話は流れ

てしまった。以降，時候の挨拶程度の関係が続いていたところへ，2年程前，浜松市のフルーツパークの指定管理者入札にあたり，テント活用を提案したいとの申し出が入った。まったく想定していなかった話であり驚いたが，新規事業を模索していた当社にとってよい機会になるとの直感のもとに，当社トップの設計と製造要員を当てて打ち合わせに臨んだ。

質問4：浜松フルーツパーク事業について　当初は当社で定型化している産業用テントの設計とかなり違う形状，機能もあり納期との関係で工程上の不安もあったが，先方との定期的な打ち合わせのなかで設計が製造と擦り合わせを行い，基本的なモジュール工程を残して特殊な部分をカスタマイズすることにより，全体工程を短納期で実行可能となった。今回の新規事業は追加受注したサッカー場と合わせ1億円程度と全体売り上げの6～7％であるが，商業用への進出の第一歩として工程を定型化しつつあることは当社にとって意義深い。また，一見営業にはならないと思う付き合いこそ大切だということを思い知らされた案件でもある。

3.3.4　株式会社「もちひこ」設計課課長・柚木勝昭へのインタビュー内容

質問1：浜松フルーツパーク事業について　入社して18年になるが，定型的な産業用テントとは違う用途でこれほど大掛かりな案件は初めてであった。この案件の発想を初めて聞いたのは，2年程前に西村建設設計事務所から。当初の印象としてはまったく経験がないものであったのでどうかなと思った。しかし自分たちでも，もしかしたらできるのではないかと社内で相談した。

質問2：話があってから工事完了までどのように進んだのか　屋根の形状，カーブなど今までやったことがないもので本当にできるか不安があった。最初は設計の同僚と絵を描くところから始めた。その後，設計事務所とのやりとりを通じて徐々に実現可能なものとの感触をもった。設計も当社基本的なタイプと似せ，骨組みも最初H構造から当社で標準のトラス構造[8]に変えるなど製造サイドのイメージに合うように基本的なものにできるだけ近づけるようにした。製造部門のできるという返事でほっとした。あとは設計事務所，製造とのやりとりで話が進んでいった。実際の着工前に3カ月程度，毎週，施主である時之

栖，西村建築設計事務所，当社および業者の関係者ミーティングがあり，それぞれの要望で行ったり来たりして最初の設計とはずいぶん変わった。着工開始後はテント工程について納期どおりの1カ月程度で完成させた。

質問3：特にむずかしかった部分はどこか　　排煙窓の対応，窓の個数が多く作業工程上，障害になると思われた。製造部門と相談したところ，上の部分はつくっておいて現場で上に載せるのはどうかという提案があり可能となった。現場でのテントの溶着などが入るが，製造部門ができると言ってくれたので安心した。メリーゴーランドの半球上のテント部分がむずかしく構造計算も別であった。当社基本フレームのトラス構造ではあったが，屋根のR（カーブ）がきつく，シートをあらかじめ短くするなどの対応を製造部門と話し合い解決していった。

質問4：実際の現場対応と次回同じようなものは可能か　　現場で排煙窓の溶着がうまくいかなかったり，サッシとの接合から水漏れがあったりしたがなんとか対応できた。今回でイメージはできたので，次回は何なくできると思う。当社は製造部門の技術力が強みだ。その技術力を活かすために設計イメージを的確に製造部門に伝えるのが自分の役割だと思う。

質問5：設計部門の役割は何か　　設計部門の役割としては，先方の要望を製造サイドにいかに実現可能な形で伝えられるかである。つまり，テントは工期が始まれば数カ月の短納期で完成しなければならないことから，事前に現場工程を見える形にしておかなければならない。そうでないと現場で想定外のトラブルが起こり，工期が長くなり損害を負う結果となる。そのため，現場での作業をイメージしやすいように，製造部門に説明をできるかどうかがポイントである。今回のプロジェクトでは，まず屋根の曲線のカーブがきつい。そのためには，まずフレームの工夫が必要である。次に排煙窓であるが，現場の段取りのイメージを製造がもつことができるかどうかがポイントであった。テントは最終的にはシートをきれいに貼ることができるかどうかが勝負となるが，通常，産業用では3枚のシートで貼りつけることが基本となっているのに対し，今回はこの排煙口部分などがあるため，シートを現場で切り取り，貼りつけ結

束する作業が必要となる。製造部門ができる確信をもつまで設計を練り上げることが必要であった。

3.3.5 株式会社「もちひこ」製造部門工事課課長・望月博人へのインタビュー内容

質問1：今までの経験と比較し特にむずかしかった部分はどこか　入社して20年以上倉庫など産業用テント造りに関わっている。今回の案件はイレギュラーな作業が多い割に正味1カ月と工期が短く，現場の足場状況も悪いので外からの作業となりむずかしかった。構造上は排煙口がたくさんある点と，メリーゴーランドを設置する部分の構造が半球状の屋根になっている部分がイレギュラーであった。テントは10年対応できるレベルの仕事をしなければならなく，イレギュラー部分があってもトラス構造の鉄骨とテントひもを結束して堅牢にしていく必要がある。

質問2：どのように対応していったか　設計の柚木から話を聞き図面を見て，部材の取り付けタイミングやシートの収まりを最後の仕上げまでイメージし対応できるかどうかを考えた。仮組みをして可能かどうか検証もし，実現可能なイメージを柚木に伝え設計にフィードバックしていった。現場で排煙窓をどうやって取り付けするか溶着するかを頭の中でイメージした。排煙窓は仮組みして現場へ持っていき，テント天井を繰り抜いて設置溶着した。半球状屋根部分のシート張りについては，パイプの上に乗っからない部分は下がることが予想されたことから，あらかじめシート業者と相談し短めに裁断して対応した。計算では出ないので経験から1センチ下げようかとか相談しながら，部分的に短く切ってもらうようにして現場での張りを想定した。現場では徐々にシワを取っていく作業が必要であった。また，隙間ができるので現場で溶着対応しできるだけシワが残らないようにした。

質問3：実際の現場は何人で対応したか　現場は8人程度の作業。内，熟練工は3人程度。実際，排煙口は前の日に組み立て，現場作業は彼らがやった。もちろん連絡は取りつつではあるが。

質問4：今後同様の作業に対応できるか　構造が似ていて，細かい部材，

サッシなどがどこにはまるかわかれば対応できる。標準化できる反復繰り返しパターンがあれば工程は楽だ。まったくの不規則なものに対応できる職人は自分と工場長の2名にいまだ限られる。

質問5：今後同様の作業に対応できるための課題は何か　どこまで図面上に表わせるかが今後の課題である。産業用標準系は完全に図面化されている。図面を寸法まで記載した具体的な加工図まで落とし込めていければ可能だ。現在，工場で絵を描ける人を育てており，複雑な案件も設計図から加工図への落とし込みを可能としたい。今回も現場工程を写真で残すなど次のノウハウとして形式化していっている。現場イメージを設計にどうフィードバックできるかがポイントである。

3.3.6　株式会社「もちひこ」営業統括部係長・板倉正幸へのインタビュー内容

質問1：今回のプロジェクトをみていてどう思ったか　転職入社して2年。今回のプロジェクトには直接は関与していないが，商業用テントは，産業用と違い形状が特殊でありシートの構成枚数も増え，部材の取り合いも複雑になることから，はたしてシートが綺麗に張れるかどうかという点にポイントがあったと思う。

質問2：今後の商業用テント営業について　設計部門，製造部門の連携により，複雑な形状のテント施工工程を取得できたことは，今後の営業の幅の広がりという点で期待がもてる。基本的な定型構造を保ったまま特殊な部分をカスタマイズしていく工程ノウハウを取得できたことは営業上大きい。店舗などさまざまな用途に展開できる。

3.4　工程設計変化への対応

3.4.1　商品の特徴
テント業界にあって「もちひこ」の属する産業用倉庫テント（図4-2参照）は，骨組膜構造建築物（表4-1参照）カテゴリーに入る。ものを収納する大スパン（なかに柱がないための大空間実現）を前提に，耐久性を重視しつつ短納期，コスト優位性が決め手となる。

3.4.2　産業用テントの施工工程
安全性を重視しつつも，短納期，コス

表4-1　テントの種類

商　品	特徴・用途
オーニング	日よけ・雨覆い用のテントで喫茶店やブティックなどで使われている。日よけの効果がある。オーニングは住宅に新しい空間を創り出すことができ屋外での利用により部屋が1つ増えるようなイメージである。電動による稼働も可能。
骨組膜構造建築物	骨組膜構造建築物は鉄骨造などの骨組に膜を固定的にはる方法で、テント倉庫など主要骨組みが鋼材でできており、屋根、壁が合成繊維、または無機繊維でつくられている。
空気膜構造建築物	膜内外の空間に空気を送り込み、内部の空気圧力を高めて膜を広げる方法で、東京ドームや遊園地構内で利用されており世界中で実績が増えている。
サスペンション構造	空気膜構造建築物で膜の吊り構造とした方法で、サーカステントや遊園地、博覧会などで使われる。
伸縮式膜構造建築物	一般的にはレール上を可動し、屋根、外壁を伸縮させ内部空間をオープンにする方法。可動式テント、伸縮式テント、開閉式テントなどといわれ使われており、プール用、園芸用などで使われている。
屋形テント	パイプでできており軽量であり簡単に組立や解体が可能で、運動会、イベント会場などで使われている。

出所：望月伸保（2013）

図4-2　産業用倉庫テント
出所：「もちひこ」ホームページ

図4-4 鉄骨工事
出所:「もちひこ」提供

ト優位性が問われることから，その施工工程は，①現地測量，②基礎工事，③鉄骨工事，④シート取付，⑤建具取付，⑥設備工事，⑦消防設備の7工程にモジュール化されている（図4-3参照）。建築確認申請から引き渡しまで約3.5カ月が標準と工期が短いことを特徴とする。

3.4.3 商業用テントにおける産業用テントとの工程差異　商業用テントでは，産業用で求められる大スパンを前提とした耐久性，短納期，低コスト以外に，見た目のデザイン性と居室扱い（なかに人が常時いて作業などを行う部屋）となるための機能が追加される。工程における変更を浜松フルーツパークの飲食施設の例をあげて説明する。

(1) デザイン性　建物屋根部分の丸い曲線カーブを描く。通常の産業用モジュールではここまでのカーブをとっていない。実現するためには，鉄骨（テントフレーム）の工夫が求められる。図4-4の鉄骨工事では細かな骨組みによる曲線の実現がなされている。

また，図4-5のシート取り付けでは，曲線形状，特にメリーゴーランドが入る半球部分のシートをきれいに張ることがむずかしい。あらかじめシート弛

第4章　紐帯活用とアーキテクチャ・ダイナミクス　91

図 4-5 半球部分のシート取付
出所:「もちひこ」提供

図 4-6 排煙窓取付
出所:「もちひこ」提供

みが出る部分を短くカットするなどの工夫が求められ，現場での溶着などの作業が入る。

　(2) 排煙口の設置　　産業用テントには窓がない。浜松フルーツパークは飲食施設となるため，排煙口が多数必要となった。よって，排煙窓突起部分をあらかじめ組み立てておき，それを屋根のテントを繰り抜いて設置した（図4-6参照）。

3.5　当初からの設計変更

着工されるまで，度重なる設計変更が繰り返されている。施主である時之栖の要望，当局認可，さらにもちひこ製造サイドの意向が取り入れられ徐々に完成に近づいていく様子を記述する。柚木の作成したまったくの概念図である当初の図4-7の段階から，図4-8の設計段階ではフードコートが右端の施設に固められている。このときは，まだ排煙窓がない。さらに最終に近い図4-9の段階ではフードコートがテントと並行に並んでいる格好となり，排煙窓の設計がなされている。さらに図4-10の概念図においては，もちひこ標準のトラス構造がみえる。

■第4節　考　察

　以下，浜松フルーツパークプロジェクトにおけるテントメーカー「もちひこ」と施主である時之栖を中心とした関係変化を紐帯と工程アーキテクチャの観点から動態的に考察する。

　第一段階として，「もちひこ」は産業用テントメーカーとしてモジュール化したモジュラー工程を保有し，オープンな環境のなかで弱い紐帯であった時之栖より，浜松フルーツパークにおける飲食施設テントの受注を受ける。第二段階として，設計を担当する西村建築設計事務所を介して時之栖会長である庄司のアイデアが，認可，木枠，照明効果を含め徐々に実現可能なものへ近づいていく。それと共にテントにおいても，排煙窓の設置や透明シートの採光窓など設計が徐々に練り上げられていく。この辺りから週一回の全体会議が招集され，「もちひこ」も参加していく。つまり緩やかにクローズドな関係性が構築され，

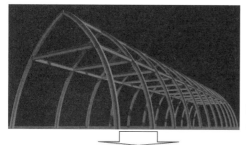

図4-7　当初の設計概念図
出所:「もちひこ」提供

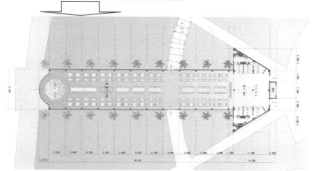

図4-8　中間段階設計図
出所:「もちひこ」提供

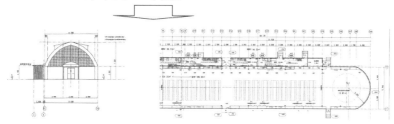

図4-9　最終段階設計図
出所:西村建設設計事務所提供

図4-10　最終段階概念図
出所:「もちひこ」提供資料

紐帯もだんだんと強くなってくる。なお，「もちひこ」内部においても，設計部門から製造部門へとイメージが伝えられつつある状況。製造部門の望月が，頭のなかで現場工程イメージを醸成しつつあるころともいえる。つまり既存の産業用テントのモジュラー工程とは違い，機能と工程が多対多の関係にあるインテグラル工程の状態になりつつある。第三段階として，関係者の全体会議もかなり進み設計も完成に近づくころ，「もちひこ」内部においては，製造部門で排煙窓の仮組検証が終わったころであろうか。そして着工段階へと入り，現場での試行錯誤を経て完成する。その時点の関係者はクローズドであり，「もちひこ」の工程もインテグラルとなり，紐帯も最高に強い。第四段階として，完成から時間が立ち紐帯も弱まり関係者会議も解散しオープン化へ向かう。「もちひこ」の工程についても，現場におけるノウハウが写真や設計図に落とし込まれるなどモジュール化しつつある状態となる。そしてまた，オープンな環境下，モジュール化したモジュラー工程を保有した「もちひこ」は新たな外部資源と弱い紐帯を構築する。このような段階を経て，株式会社「もちひこ」は産業用テントメーカーから商業用への進出を果たしたのである。ここで起こったイノベーションは，静態的にみるとインクリメンタルに工程上の工夫を重ねた結果，用途の広がりをもたらしたものにみえるが，そのプロセスを動態的に観察すると既存のモジュール化されたモジュラープロセスを一旦破壊しインテグラルプロセスを現出したあと，新たなモジュラープロセスへ転換していること，また「もちひこ」社長はじめ社員らのインタビューから当初できるかどうかわからなかったという旨の発言が散見されることからも，従来の工程とは非連続的なラディカル・イノベーションであったことがうかがえる[9]。以上のラディカル・イノベーション実現プロセスにおける紐帯とアーキテクチャの同期循環を四段階プロセスで示したのが図4-11である。小さな丸枠は工程を内包する組織を表わし，丸枠の濃さはモジュラーとしてのモジュール化の強さを示している。つまり丸枠の濃さが濃いほど強いモジュール化がなされている。矢印は機能と工程の対応関係を示し，紐帯を形成する二者間において新たに付加される機能と工程の対応関係を表わしている。つまり，一対一関係がモジュ

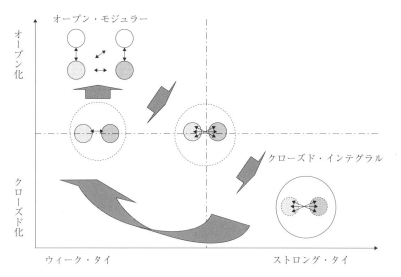

図4-11 ラディカル・イノベーション実現プロセスにおける紐帯とアーキテクチャの同期循環
出所：亀井・大橋（2014）

ラー，多対多関係でインテグラルを示している。また，大きな丸枠はクローズド化を示しており，濃い丸枠ほどクローズド化が強く，薄くなるほどクローズド化は弱まりオープン化していく。今般の事例では，当初図4-11左上で示されるウィーク・タイ状態におけるオープン・モジュラー関係にあった「もちひこ」と時之栖は，浜松フルーツパークにおけるレストラン施設をテントで施工するというプロジェクトを実現可能なものとするために，徐々に関係性をストロング・タイ，クローズド・インテグラル化していく。そしてプロジェクトが完成し，その関係性は再度オープン・モジュラーへと回帰していくのである。

■第5節　結　論

　以上から二者間における新規事業創出プロセスについて，紐帯の強さとアーキテクチャは四段階でダイナミック推移するとの仮説は支持された。また四段階のプロセス循環の期間は，第二段階から第三段階にかけて変化する工程アーキテクチャのインテグラル度に依存することが判明した。本研究により，持続

的成長をもたらすラディカル・イノベーションの種がどのような紐帯から生まれ，そしてその紐帯は，工程アーキテクチャと共にどう変化していくのかが動態的に明らかとなった。

　ともすれば紐帯の強弱の効用や，オープン・モジュラーかクローズド・インテグラル化と対峙的二類型的な議論を多とする２つの概念は，ダイナミクスのなかで観察すると連続的な変化として現れた。そのダイナミクスから，企業の持続的成長の１つの方策としての一般化可能性という含意を得たものである。

[注]
1) N社は静岡県所在のオールウエザーハウス設計，加工，製造，販売を手掛ける企業。
2) 指定管理者制度とはそれまで地方自治体やその外郭団体に限定していた公の施設の管理，運営を株式会社はじめ営利企業などに包括的に代行させることができる制度。
3) 浜松市フルーツパークの指定管理者の候補者選定結果　http://www.city.hamamatsu.shizuoka.jp/nousei/shiteikanri/h24koushin/koushin-12.html（2013.12.27入手）．
4) 阿部章氏は教師時代にサッカーの監督を務め，その知識と豊富な人脈で1995年６月にオープンした時之栖スポーツセンターのGMに就任。2002年４月NPO法人時之栖アカデミックスポーツクラブの理事長も兼任する。
5) 御殿場サッカー場の正式名称は時之栖御殿場高原サッカー場，静岡県御殿場市神山719所在でグラウンドは２面あり天然芝とFIFA推奨の人工芝（ハイブリットターフ）がある。およそ1000人は座れる屋根付きのスタンドを設置。アマチュア大会のほか，Ｊリーグや日本代表が合宿で使用するときもある。
6) 分離発注方式とは，建築設計事務所が，構想・設計から，コストコントロール，専門工事会社の選定，現場の監理まで一貫して行う方式。
7) 2011年10月24日，株式会社「もちひこ」は宮城県南三陸町の仮設魚市場（5 m ×20m ×60m 1 基）を施工。
8) トラス構造とは，構造形式の１つで，部材の節点をピン接合（自由に回転する支点）とし，三角形を基本にして組んだ構造である。
9) 一般に，イノベーションはその大きさに着目して，インクリメンタル・イノベーション（Incremental Innovation）とラディカル・イノベーション（Radical

Innovarion）に分類される。（Dewar, R.D. and Dutton, J.E.［1986］）。また，Dyer, J., Gregersen, H. and Christensen, C.M.（2011）によると，ラディカルな技術について，「まったく新しい要素を組み入れることで，新しい製品アーキテクチャの構成要素間に，新しい結びつきをもたらすもの」と説明している。

■引用・参考文献一覧■

1. 亀井省吾・大橋正和（2014）「中小企業における紐帯活用とアーキテクチャ・ダイナミクス―中堅テントメーカーに見る新規事業創出事例からの考察―」『情報社会学会誌』Vol.8, No.2, pp.45-62.
2. Kamei, S. and Ohashi, M.（2014）Use of connections and architecture dynamics in enterprises employing disabled individuals. *Procedia Technology* Vol.16, pp.59-68, Elesevier.
3. Geus, A.D.（2002）. *The living company: habits for survival in a turbulent business environment*, Boston, MA: Harvard Business Review Press.
4. 清水剛（2004）「企業の安定性と企業システム」『組織科学』Vol.38, No.1, pp.44-55.
5. 関本昌秀（1982）『組織と人間行動』泉文堂．
6. Mcgrath, R.G.（2013）Transient Advantage, *Diamond Harvard Business Review*, November, pp.32-44.
7. 山倉健嗣（2009）「中小企業の成長戦略と組織・組織間関係」『横浜国際社会科学研究』Vol.13, No.6, pp.1-8.
8. 黒田英一（2002）「中小企業の経営戦略」『青森大学・青森短期大学研究紀要』Vol.24, No.3, pp.1-22.
9. 植田浩史（2004）『現代日本の中小企業』岩波書店．
10. 加護野忠男（2005）『最強のスモールビジネス経営』ダイヤモンド社．
11. 山倉健嗣（1995）「組織間関係と組織間関係論」『横浜経営研究』Vol.16, No.2, pp.166-178.
12. Badaracco, J.L.（1991）*The Knowledge Link*, Boston, MA: Harvard Business School Press.
13. Spekman, R.E. and Forles, T.M.（1998）Alliance Management: A View from the past and a Look to the Future, *Journal of Management Studies,* 35(6), pp.747-772.
14. Spekman, R.E. and Isabella, L.A.（1999）*Alliance Competence: Maximizing the Value of Your Partnerships*, Hoboken, NJ: Wiley.
15. ヘンリー・チェスブロウ，ウィム・ヴァンハーベク，ジョエル・ウェスト／長

尾高弘訳（2008）『オープンイノベーション』英知出版.
16. Baldwin, C.Y. and Clark, K.B. (2000) *Design Rules; The Power of Modularity*, Cambridge, MA: MIT Press.
17. 青木昌彦・安藤晴彦（2002）『モジュール化―新しい産業アーキテクチャの本質』東洋経済新報社.
18. 藤本隆宏（2004）『日本のもの造り哲学』日本経済新聞社.
19. 柴田友厚（2008）『モジュール・ダイナミクス』白桃書房.
20. 国領二郎（2001）「ネットワーク時代における協働の組織化について」『組織科学』Vol.34, No.4, pp.4-14.
21. 岸眞理子（2003）「モジュール化と統合化―技術と組織の統合モデル―」『オフィス・オートメーション』Vol.23, No.4, pp.17-25.
22. Perrow, C. (1967) A framework for the comparative analysis of organizations, *American Sociological Review, 32*(3) pp.194-208.
23. 山倉健嗣（2001）「アライアンス論・アウトソーシング論の現在―90年代以降の文献展望―」『組織科学』Vol.35, No.1, pp.81-95.
24. 若林隆久・勝又壮太郎（2013）「戦略的提携ネットワークの形成要因：産業要因か，企業要因か，ネットワーク要因か」『組織科学』Vol47, No.1, pp.69-79.
25. 西口敏広（2003）『中小企業ネットワーク―レント分析と国際比較―』有斐閣.
26. 須藤修（1995）『複合的ネットワーク社会』有斐閣.
27. Granovetter, M.S. (1973) The Strength of Weak Tie, *American Journal of Sociology, 78*(6) pp.1360-1380.
28. 近能善範（2003）「ネットワークの構造と企業の競争優位」『ネットワークの構造と企業の競争優位』組織学会研究発表大会, pp.97-100.
29. 境新一（1996）「企業グループにおける紐帯の形成と業績」『横浜国際開発研究』Vol.1, No.1, pp.172-207.
30. Hansen, T., Mors, M. and Lovas, B. (2005) Knowledge sharing in Organizations: Multiple Networks, Multiple Phases, *Academy of Management Journal*, 48(5), pp.776-793.
31. Watts, D.J. (1999) *Small World: The Dynamics of Metworks between order and Randomness*, Princeton, NJ: Princeton University Press.
32. Watts, D.J. (2003) *Six Degrees: The Sciences of a Connected Age*, New York, NY: Norton.
33. Watts, D.J. (2004) The "New" Science of Networks, *Annual Review of Sciology*, 30, pp.243-270.

34. Watts, D.J. and Strogatz, S.H. (1998) Collective of 'Small-world' Networks, *Nature, 393*(4), pp.440-442.
35. 西口敏弘（2005）「温州の繁栄と『小世界』ネットワーク」『一橋ビジネスレビュー』SPR, pp.22-37.
36. 西口敏弘（2007）「社会システムの循環形式」『一橋ビジネスレビュー』WIN, pp.104-115.
37. 望月伸保（2013）「テント業界における企業ドメインと経営戦略の転換」法政大学大学院政策創造研究科政策研究論文.
38. 川本敏郎（2008）『こころみ学園　奇蹟のワイン』NHK出版.
39. Dewar, R.D. and Dutton, J.E. (1986) The adoption of radical and incremental innovation: An empirical analysis, *Management Science*, 32(11), pp.1422-1443.
40. Dyer, J., Gregersen, H. and Christensen, C.M. (2011) *The Innovator's DNA*. Boston, MA: Harvard Business Review Press.

第5章
紐帯形成誘因としてのソーシャルインパクト情報

　第4章においては，資源制約のある中小企業カテゴリーに属する企業を分析することで，ダイナミックにイノベーションの生起する仕組みを解明し，ラディカル・イノベーションプロセスにおける紐帯とアーキテクチャの同期循環を見いだしている。しかし，そもそも，そのような同期循環を形成し，ダイナミックな循環を創出する最初のきっかけはどのようなものか。障碍者雇用を積極的に行い活躍する現場を創るというソーシャルインパクト情報が，イノベーションの契機の誘因となり得るのか。

　本章の目的は，第4章にて明らかにした企業の新規事業創出プロセスにおける紐帯の動態的変化の端緒となる弱い紐帯形成の誘因として，障碍者雇用というソーシャルインパクト情報が有効であることを検証し，企業におけるイノベーションプロセスにおける1つの有効なコンテクストを提示するものである。手法としては，二者間における新規事業創造に成功した Ben & Jerry's Japan と障碍者を活用するスワンの協業事例を，インタビューデータより分析する。結果として，障碍者雇用というソーシャルインパクト情報は，イノベーションプロセス生起の端緒となる弱い紐帯形成の誘因として有効であることを示唆している。

■第1節　仮説の構築

1.1　Creating Shared Value

　Porter, E.M. and Klamer, R.M.（2011）では，従来の資本主義，CSR活動を批判し，企業の根本的な役割としての社会的な価値課題の重要性を説いたCSV：Creating Shared Value を提唱している。社会的な活動が利益と対立するのではなく，相乗効果をもたらすという考え方である。つまり，企業がイニ

シアティブを以て，社会的問題といった外部費用を内部化することで競争戦略の源泉とし，利益を生み出していくという考え方である（野中，紺野 [2012]）。

1.2　分析の視角

第4章では，企業が持続的成長を遂げていくための二者間における新規事業創出プロセスには，オープンな関係性から弱い紐帯を形成し，徐々にその紐帯を強化したあと，また弱めていくというという循環性があるということを見いだしている。しかし，当初の弱い関係性がどのようなコンテクストで生起するのかについては言及していない。また，Porter and Klamer（2011）は，社会的問題といった外部費用を内部化することで競争戦略の源泉とし，利益を生み出していくという考え方を示している。

本章では，二者間における新規事業創出プロセスの端緒としての弱い紐帯プロセス形成誘因要件として，障碍者雇用に取り組むということによる社会に対する影響度，つまりソーシャルインパクト情報を提起し，事例データを考察，検証するものである。

1.3　仮説の構築

本章の目的は，第4章にて明らかにした企業の新規事業創出プロセスにおける紐帯の動態的変化の端緒である弱い紐帯形成について，障碍者雇用というソーシャルインパクト情報が有効な誘因となることを検証することである。仮説として以下を設定する。

【仮説】　企業の新規事業創出プロセスにおける紐帯の動態的変化の端緒となる弱い紐帯形成の誘因として，障碍者雇用に取り組むというソーシャルインパクト情報は有効である。

■第2節　調査と分析

2.1　課題と方法

本研究の課題は，企業の生き残り策として重要な課題である外部資源を生かした新規事業創出プロセスの端緒となる弱い紐帯形成要因について，障碍者を活用した高級パン製造企業である株式会社スワンと高級アイスクリーム製造業

者である Ben & Jerry's Japan におけるコラボレーション成立事例のプロセス分析を通じて明らかにしていくことである。企業において外部資源となる他者の探索，出会いにおいて，その後のイノベーションプロセスにつながる有効な誘因がどのようなコンテクストにおいて形成されていくのか。その誘因として障碍者雇用に取り組むというソーシャルインパクト情報は有効なものとなり得るのかについて考察する。分析においては当該企業へのインタビューを通して実施した。

2.2 調査と分析

障碍者活用企業である株式会社スワンと世界的な消費財メーカーであるユニリーバ傘下の Ben & Jerry's Japan における「Sundaes ブラウニー」開発を先端研究事例とし，その出会いから発売までのプロセスにつき，どのようなコンテクストが紐帯形成の要因となっているかを中心に記述する。調査分析手順として，① Ben & Jerry's Japan の概要，②開発事業の概略，③関係者へのインタビューについて記述する。

2.2.1 Ben & Jerry's Japan　Ben & Jerry's Homemade Holdings, inc. は，米国の代表的なブランド Ben & Jerry's アイスクリームを製造し，世界35カ国で販売している。1978年に Ben Cohen と Jerry Greenfield によりバーモント州サウス・バーリントンにて設立。2000年からはユニリーバ傘下の会社となっているが，Ben & Jerry's アイスクリームの展開については Ben Cohen と Jerry Greenfield はじめ，独自の役員会メンバーにより運営がなされている。

日本では，2012年4月に東京・港区の表参道ヒルズ内に第一号となる直営店舗をオープンし，現在は直営4店舗のほか，関東エリアの高級食料品店など140店強で販売しており，Ben & Jerry's Japan として専任5名を配備している。なお，表参道ヒルズ店は2013年における Ben & Jerry's の店舗別，売上と来店客数にて世界一を記録している。直営店舗では，バニラ，ストロベリーなど18種類のアイスクリームをワッフルやコーンなどのカップの組み合わせで選ぶと400〜800円程度となるほか，アイスクリームが選べる Sundaes が3〜5種類あり，1つにつき600円程度となる。なお，同社は1980年代から共存共栄を

テーマに，原材料は天然素材を使って生産してきており，2015年には，全世界で発売している商品すべてをフェアトレード認証商品とする予定である。日本で発売しているミニカップアイスクリームは日本で初めて国際フェアトレード認証を受けたものとなる。

2.2.2　Sundaes ブラウニーの開発　　スワンは第1号となる表参道ヒルズ開店前より，Ben & Jerry's Japan の Sundaes におけるブラウニー生産のパートナーとなっている。Ben & Jerry's Japan 直営4店舗で販売されている Sundaes に使用しているブラウニーはスワン製である。

2.2.3　株式会社スワン・原宏光マネージャーへのインタビュー内容　　以下は，株式会社スワン統括マネージャー・原宏光へのインタビューの記述である。インタビューは，東京都中央区銀座所在の本社会議室にて，回答者と質問者が一対一の対面による面談方式にて実施（2014/6/6, 16:00～17:00）している。

質問1：Ben & Jerry's Japan とはどのようにして出会ったのか？　　数年前，Ben & Jerry's Japan の営業担当から，スワンについて放映されたテレビを見て電話をもらったのが始まりであったと記憶している。スワンの障碍者雇用を通じて高付加価値のパンを提供する取り組みに関心をもち，Ben & Jerry's が日本において新たに展開する直営店展開のなかで何かコラボレーションできないかという申し出であった。スワンとしても Ben & Jerry's のこれまでのソーシャルな取り組みに関心があり，この企業とであれば企業価値を高めることができると感じた。

質問2：出会って以降の関係は？　　お互いの理念に共感し，何ができるかを話し合ったうえで，最終的に日本における直営第1号店となる表参道ヒルズ店で提供する Sundaes のブラウニーをスワンが提供することとなった。Ben & Jerry's からレシピの提供を受け，スワンで試作を繰り返し，最終的にユニリーバの R & D 部門の OK がもらえ，表参道ヒルズ店の開店時より提供することができた。ブラウニーについては，製造過程における空気の混ぜ具合が風合いに左右する商品であるが，工程はスワンですでに製造しているパウンドケーキやフィナンシェといった焼き菓子と基本的には同じである。しかし，ア

イスクリームと相性がよくないといけないので，材料や湿度設定などについてのレシピ提供を Ben & Jerry's から受けた。試作の繰り返しは大変ではあったが，Ben & Jerry's の掲げる製品使命，売上使命，社会的使命への熱意が伝わり，開発を諦めることはなかった。開発が終了して以降，生産は株式会社タカキベーカリーに委託し，スワンブランドで Ben & Jerry's の直営4店舗へ供給している。

質問3：今後のプロジェクト進展は？　ブラウニーの供給以外に，2014年4月からスワンベーカリー直営店で Ben & Jerry's のカップアイスクリームを販売している。Ben & Jerry's がターゲットとしている顧客層は，スワンのターゲットであるハイエンドな女性顧客層ともマッチしており，売れ行き好調である。フランチャイズ24店にも徐々に広げていきたい。

2.2.4　Unilever Japan Customer marketing K.K. へのインタビュー内容

以下は，Ben & Jerry's における日本展開の責任者である Unilever Japan Customer marketing K.K.，Ben & Jerry's Japan ブランドマネージャーである浜田宏子へのインタビューの記述である。インタビューは，東京都目黒区上目黒所在の同本社会議室にて，同社の野本港二アシスタントマネージャー同席の下，回答者と質問者が一対一の対面による面談方式にて実施（2014/6/4，16:00〜17:00）している。

質問1：スワンとの出会いについて　2013年1月より Ben & Jerry's Japan のブランドマネージャーとして，日本における展開全般に関わっている。スワンをパートナーとするプロジェクトについても，出会いには直接関与してはいないが，直営店舗における Sundaes ブラウニーの供給のほか，スワンベーカリー店舗におけるミニカップ販売提携にもたずさわっている。Ben & Jerry's では1980年代より，米国ニューヨークに本拠を置く Greyston Bakery をパートナーとして，ミニカップアイスクリームの主力商品の1つである「チョコレートファッジブラウニー」に使用されているブラウニーの供給を受けている。Greyston Bakery は，1982年に，低所得者支援を目的に設立されたベーカリーであり，ケーキを一流ホテルや三ツ星レストランに収めるなど，ビ

ジネスと社会的活動を両立させている組織である。Ben & Jerry's では，日本で初めて直営店を開設するに当たり，日本のローカルフレーバーをつくろうという企画実現のためパートナーを探していたところ，人づてにスワンを紹介してもらったと聞いている。

　質問2：パートナー選出について重要視すること　　Ben & Jerry's では，製品使命，売上使命のほか，社会的使命を実行の指針としており，アイスクリームづくりにおけるフード・サスティナビリティからソーシャルジャスティスに至るまで社会還元のアクティビズム実現をめざしている。協力関係を築くパートナーについても，その団体の目的，何をどのように達成しようとしているのかなどを吟味し，自らのブランドとのフィット感を重視し，複数の目で厳選している。お互いの社会的活動に共感したうえで，どんなコラボレーションができるか，どんなストーリーをつくれるかを考えている。スワンの障碍者雇用の取り組みは，法律上の義務としてばかりではなく，雇用を目的に企業をつくり，企業体として利益を出すことを最終オブジェクトとしている点において，Ben & Jerry's ブランドと通じるものがあり共感できる。そのうえで，どんなパートナーシップを構築するかを考えたときに，Sundaes に載せるブラウニーを開発してもらおうという結論に至ったと認識している。

　質問3：プロジェクト開始にあたっての製造上の条件　　店舗に導入するブラウニーについては，ユニリーバの製造規定は厳しくR＆D基準は厳格である。たとえば，ブラウニーは凍ったアイスクリームと相性よくおいしいものをつくらなければならない。常温でおいしいものとは違う製造ノウハウが必要となる。顧客がおいしいと思うものを提供してほしいとの共通理解のもとスワンとは問題点を解決している。製造条件においては，ドライなビジネス関係を組んでいる。

　質問4：Ben & Jerry's 米国本部の評価はどうか　　Jerry Greenfield が来日したときにも，スワンに案内した。日本のコミュニティに根付いた取り組みを評価している。

■第 3 節　考　察

　以下，Sundaes ブラウニー開発プロジェクトにおけるスワンと Ben & Jerry's の関係変化を紐帯形成の観点から考察する。

　第一段階として，スワンは障碍者を活用して，高付加価値のパンを製造する工程を構築しており，そのベーカリーは銀座，赤坂という味の超えた顧客に受け入れられていた。また，いっぽうの Ben & Jerry's は，Ben Cohen と Jerry Greenfield によって設立され，共存共栄の理念を掲げていた。当該 2 社は，人づてに紹介され，あるいはテレビに出ていたスワンの障碍者雇用の取り組みに興味をもった Ben & Jerry's からのアプローチによって知り合い，お互いのビジネスの理念に共感する。ここにおいて非常に弱い紐帯関係が，障碍者雇用というソーシャルインパクト情報を誘因として成立する。図 5 - 1 左図でオープンな市場における「障碍者雇用を誘因とした弱い紐帯」を示す。インタビューからは，スワンにとって外部資源となる Ben & Jerry's が当初知り合う前の段階において，すでにソーシャルインパクトに関心が深い企業であった点において，障碍者雇用というコンテクストによる紐帯が生まれやすい背景があったことがうかがわれる。Porter and Klamer（2011）は，今後の企業のあり方として CSV を示し，企業がイニシアティブを以て，社会的問題といった外部費用を内部化することで競争戦略の源泉とし，利益を生み出していくという考えを述べている。今後，障碍者雇用が一部の企業の関心事ではなくなり，より多くの企業が関心をもち始めるとすれば，当該ソーシャルインパクト情報による紐帯形成はより広がりをみせると考える。

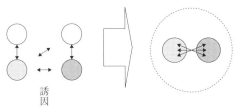

図 5 - 1　ソーシャルインパクト情報をコンテクストとした弱い形成から徐々に強まる紐帯
出所：Kamei, Ohashi and Hori（2015）

第二段階として，Ben & Jerry's の要求する高いレベルのブラウニー製造に，スワンはパン製造で培った製造ノウハウを駆使して応えていく。またスワンは Ben & Jerry's のアイスクリーム製造にかける熱意にも共感を徐々に深めていく。ここにおいて，Sundaes ブラウニー開発プロジェクトが推進されていく。第4章の図4-11で示したラディカル・イノベーションプロセスにおける紐帯とアーキテクチャの同期循環に基づいて説明すると，障碍者雇用というソーシャルインパクト情報が誘因となり弱い紐帯をオープンな市場において形成したスワンと Ben & Jerry's は，互いの製造能力，熱意を理解しつつ，次第にオープンな関係性からクローズドな関係性へ，そして製造についての情報をインテグラルに交換する。障碍者雇用というコンテクストにおける協業が成立しつつあり，紐帯も徐々に強まりつつある状況がうかがえる。本事例における障碍者雇用というソーシャルインパクト情報は，本プロジェクトに進展する端緒の段階で形成する弱い紐帯の誘因でもあり，その紐帯を徐々に強めていくコンテクストでもあることが明らかとなった。図5-1において障碍者雇用という「ソーシャルインパクト情報をコンテクストとした弱い形成から徐々に強まる紐帯」を示す。

　しかしながら，Ben & Jerry's のR&D部門は，実際のプロジェクトが推進されるにあたり，親会社であるユニリーバの厳格な基準に基づき，スワンの開発力を確認している。つまり，強い紐帯関係が成立するプロジェクト段階に移行するためには，当該ソーシャルインパクト情報の中身が伴っているかどうかが重要となる。本事例においては，スワンのパン製造で培った工程管理等，高付加価値につながる製造能力の高さがプロジェクト移行の大きな要因となっている。つまり，紐帯が強化されていく前提として，福祉的な観点での障碍者雇用ではなく，障碍者の活躍を通じて競争優位を獲得し，利益を生み出す仕組みづくりが重要であったと考察する。

■第4節　結　論

　以上から，「企業の新規事業創出プロセスにおける紐帯の動態的変化の端緒

となる弱い紐帯形成の誘因として,障碍者雇用に取り組むというソーシャルインパクト情報は有効である」という仮説は検証された。また,その仮説が成立する要件として,紐帯を結ぶ2社が互いにソーシャルインパクトに理解ある事業者であること,ならびに弱い紐帯から新規事業プロジェクトへ移行するには,技術力,製造能力などの事業力が必要であるという含意を得た。

■引用・参考文献一覧■
1. Kamei, S., Ohashi, M. and Hori, M.(2015)Social Impact Information as the Cause for the Formation of Ties in Enterprises, *Proceedings of 48th Hawaii International Conference on System Science*, pp.2786-2793.
2. Porter, E. M. and Klamer, R. M.(2011)Creating Shared Value, Boston, Massachusetts: *Harvard Business Review*, Jan, pp.1-17.

第6章
事業における分化誘因としてのソーシャルインパクト情報

　第5章においては，第4章にて明らかにした企業の新規事業創出プロセスにおける紐帯の動態的変化の端緒となる弱い紐帯形成の誘因として，障碍者雇用というソーシャルインパクト情報が有効であることを検証し，企業におけるイノベーションプロセスにおける1つの有効なコンテクストを提示した。

　本章においては，その弱い紐帯形成誘因としてのソーシャルインパクト情報について，分化という概念をもとに掘り下げ，組織が持続的成長を遂げるために必要な「活用」と「探索」の両立のあり方を提示することを目的とする。結論として，持続的成長を遂げる企業組織は，環境的変化に耐えるべく常に探索活動を繰り返しつつ，一旦獲得した知については，既存技術の活用の積み重ねを通じて，そのプロセスに浸透させ，漸進的に改善を進めていく。その探索活動の誘因の1つがソーシャルインパクト情報であることを明らかにした。また，組織はその誘因で生じた分化により，方向性を定めつつ新しい知を獲得，活用し，その循環のなかで活用と探索が両立することを提示している。

■第1節　仮説の構築
1.1　先行研究レビュー

　従来「活用」と「探索」は組織学習の分野で研究されてきている。March (1991) によれば，「活用」が改善・手直し，代替案の比較・選出，標準化，スピードアップ，コスト削減などの漸進的な学習が特徴であるのに対し，「探索」は多様性の追求，リスク負担，実験，アソビの維持，柔軟性の確保などの特徴をもつ活動であり，既存の知識，情報には囚われない急進的な組織学習に結実する可能性を秘める（鈴木修［2014］）。Levinthal, D. A. and March (1993) によれば，「組織の存続と繁栄」の実現には両者の両立を必要とするが，組織は

「探索」よりも「活用」を優先する傾向が強いとし，また Mcgrath, R.G. (2001) は平均志向の「活用」と分散志向の「探索」とは正反対の活動として特徴づけ，両者はトレードオフ関係にあるとしている。いっぽう，Tushman, M.L., Anderson, P.C. and O'Reilly, C. (1997) は，組織の方向性転換を時折行うことにより両者を同時追及できることを「組織の両義性」として示し，鈴木 (2014) は「分化」概念の導入により，両者のトレードオフ関係を希薄なものとする検証を行っている。「分化」(Eldredge, N. and Gould, S.J. [1972]) とは生物学の領域で議論されてきた概念で，新しい種の発生を説明する概念の1つとされ，ある種の個体群が地理的に離れたニッチに隔絶された結果，元の種とは異なる種に進化する過程を意味する（鈴木 [2014]）。Suzuki (2014) では，組織が「探索」よりも「活用」を優先するのは，既存の関連当事者が「活用」に注力する組織を支持するためであるとし，既存の関連当事者が存在しない環境創出の文脈として，「分化」概念に着目している。また，Levinthal (1998) は，分化を新しいアプリケーション分野への既存技術の転用と定義し，新しいアプリケーション分野における顧客ニーズや入手可能資源の相違に対応するための，既存技術の「活用」の積み重ねが新しい技術系統を創出するとしている。

1.2 分析の視角

先行文献からは，「活用」と「探索」の両立可能性について，分化概念導入による貢献可能性がみて取れ，分化における当初の行動，つまり，個体群が地理的に離れたニッチ隔絶される契機の形成プロセスについては，第5章にて障碍者雇用というソーシャルインパクト情報が新規事業創出プロセスにおける紐帯形成誘因として有効であることを明らかにしている。第5章で述べたその循環の端緒となるソーシャルインパクト情報による誘因は，鈴木 (2014)，Levinthal (1998) で述べられている分化をもたらす起点であり，その探索活動の方向性を示すものではないか。また，探索と活用が組織学習上の重要な論点と成り得ているのは両者が限られた組織資源を奪い合う関係にあり，一方に投入された資源を他方へ転用することがむずかしいとされているからである (March, 1991)。Levinthal (1998) は，分化を新しいアプリケーション分野へ

の既存技術の転用と定義し，新分野へ既存技術の活用の積み重ねが新しい技術系統を創出するとしている。

　本章では，障碍者雇用という社会的問題を解決しようとする行動が探索誘因と成り得ることを分化という概念から問い直し，その探索により獲得した新しい知見を，既存資源ノウハウによる活用により浸透させていくプロセスを明らかにすべく，事例データを考察，検証するものである。

1.3　仮説の構築

　本章においては障碍者雇用というソーシャルインパクト情報が，分化の契機となり，その方向性を示すとの第一の仮説を設定し，組織の分化行動事例において検証していくものである。また，分化により新しい事業を発掘した組織が，その組織の既存資源ノウハウを通じ活用を進展させていくことを第二の仮説として設定する。つまり，本章は，障碍者雇用という社会的問題を解決しようとする行動が探索誘因となり，その探索により獲得した新しい知見を，既存資源ノウハウによる活用により浸透させていくプロセスを明らかにし，探索と活用の両立を通じ，企業組織における持続的成長のあり方を提示するものである。以下に仮説を改めて示す。

> 【仮説1】　障碍者雇用というソーシャルインパクト情報が，組織分化の誘因となり，その方向性を示す。
> 【仮説2】　分化により新しい事業を発掘した組織が，その組織の既存資源ノウハウを通じ活用を進展させていく。

■第2節　調査と分析

2.1　課題と方法

　本章においてはソーシャルインパクト情報が，その契機の誘因と成りうるとの仮説を設定し，組織の「分化」行動事例において検証していくものである。既存の関連当事者において「活用」が支持される組織として，創業100年を超える日本の大企業グループであるコクヨグループを事例採用した。同社グループは，日本における文房具製造販売のトップ企業であるコクヨ株式会社を中核

とする企業集団である。今般の事例は，既存業界で確立した地位を築いた大企業が，障碍者雇用推進を目的として行動するなかで，同じく障碍者雇用を推進する組織と出会い，結果として農業分野という本業とは地理的隔絶された分野への進出を果たした事例である。方法として，農業子会社ハートランドの社長ならびに関連当事者へのインタビューを実施し仮説検証を実施する。なお，当該「分化」が，「探索」と「活用」の両立に貢献しているかについても，農業事業成立プロセスを検証することで考察する。

2.2　コクヨグループ

1905年，黒田善太郎が和式帳簿の表紙を製造する会社として創業。大阪市東成区に本社を置くコクヨ株式会社を主軸としたコクヨグループは文具やオフィス家具，事務機器の製造・販売分野における日本のトップ企業である。主力商品には，1975～2014年の39年間で累計約27億冊を出荷したCampusノートなどがある。コクヨ株式会社の2014年12月期連結ベースの売上は2931億円，経常利益96億円，従業員数約6400人である。

2.3　ハートランド株式会社

ハートランド株式会社は，2006年設立のコクヨ株式会社の特例子会社。大阪府泉南市幡代2018番地に所在し，水耕栽培による野菜の生産および販売を行う。農園規模は敷地4200平米，ビニールハウス2920平米。従業員は19名である。内，障碍者：8名（知的：6名，精神：2名）を含む。作物は主に，生で食べられる特徴をもつサラダほうれん草を栽培し，大手スーパー，百貨店，生協へ日槓換算3000袋を出荷販売している。売上は約1億円，黒字を確保している。

2.4　インタビュー

以下は，今般プロジェクト関係者への半構造化インタビューである。2.4.1に質問についての回答を記述したハートランド株式会社代表取締役社長・黒田英彦へのインタビューは，ハートランド本社会議室にて，同社部長・木原青同席の下に実施（2015/1/22，15:00～17:00）。2.4.2に質問についての回答を記述した同社前代表取締役社長・仲井道博へのインタビューは，三重県桑名市中央町所在のステーションホテル桑名のロビーにて実施（2015/2/28，10:00～12:00）し

た。

2.4.1　ハートランド代表取締役社長・黒田英彦へのインタビュー

質問1：同社設立からの経緯と経歴について　1940年代，コクヨの工場では事務用品の印刷機械の騒音がひどく，創業者である黒田善太郎は，騒音に惑わされずに仕事に集中できるのではないかという考えから聴覚障碍者を積極雇用し，優秀な人材を職長に抜擢していた。創業100年以上が経過し再度，創業の精神である「人がいやがる面倒で厄介なカスの仕事でも，お客様が喜んでいただけるなら自ら進んで積極的に取り組む」に立ち返ろうという機運がある。そんな折，コクヨ社員であった仲井前社長が，富山で知的障碍者を雇用しつつ水耕栽培にチャレンジしていた宇治氏と出会い，コクヨグループで知的障碍者と水耕栽培の農業を始めたいという意思に経営陣が共鳴，設立されたのが当社である。自分は仲井前社長を引き継ぐ二代目の社長であり，2010年に就任した。コクヨではマーケティング部門長で，商品戦略・開発にもたずさわってきた。現状，当社には健常者社員が11名いるが，6名がコクヨからの出向者である。社長就任後は，主にサラダほうれん草の販売戦略，商品開発に注力してきた。また，障碍者の力を活用することは，創業者以来，コクヨの経営のなかに組み込まれており，意義深いものを感じている。

質問2：水耕栽培の工程構築　前社長の構築した水耕栽培の工程を，知的障碍者がマッチし効率的に行えるよう工夫改善した。具体的には手洗いから始まり，包装や洗浄の機械化，苗テラス，NFT式の導入，そして出荷ケースへマス目を入れることに及ぶまで，その仕事内容をマニュアル化（見える化）した。これはコクヨグループにおける工程マニュアル化ノウハウを活用した。このようなマニュアル化を活用したのは，一般の農家と違い，企業であるのでどの人が業務にたずさわっても，品質が高い野菜をお客様に提供できるようにということからである。かつ，より効率的に栽培を行うために，1シートに種を何粒蒔けば最も効率的か検証を行った結果，季節に応じて蒔く粒数を変えた。商品アピールとしては，生でそのまま食べられるほうれん草を売りにするため，収穫工程において根をカットする工程も取り入れた。これら工程改善はコクヨ

で培ってきており，今後も随時見直しを行っていく。

質問3：マーケティング―商品開発について　当初からサラダほうれん草に絞っていたが，ほかの野菜と比較して顧客にとってのメリットをすべて洗い出した。たとえば栄養素（ビタミンC，カロチンなど）も普通のほうれん草並みにあり，かつ栽培工程で設備会社のノウハウを利用し，ほうれん草のアクを抜くようにした。かつ販売についても，スーパー，百貨店など独自ルートを開拓するために，店頭でその料理法などを紹介しつつ，顧客の生の声を収集しつつPRを行った。さらに付加価値を高めるために，栽培野菜を活用したスープを開発し，野菜不足に陥っているサラリーマン層を対象に販売しようと考えている。まずはコクヨ本社の社員食堂に導入し，その売れ行き，価格設定などのデータを取得中である。これらマーケティングに基づいた商品設計，開発，販売ルートの開拓はすべてコクヨ時代に文具，オフィス用品などを対象に培ってきたものであり，出向社員で従事してきている。

2.4.2　ハートランド前代表取締役社長・仲井道博へのインタビュー

質問1：水耕農業に進出した経緯　コクヨでは，オフォス家具を企業に直販するなど営業部門を担当したあと，主に印刷事業で聴覚障碍者雇用を行うコクヨの特例子会社社長に就任。在任中，知的障碍者も働ける仕事を創出するにはどうすればよいか考えていた。そのために多くの事業を検討したが，作業の安全性，技術力の要否，単純繰り返し作業が多いなど知的障碍者の特性にも適合する水耕栽培に行き着いた。富山で実際に知的障碍者を雇用し水耕栽培を行っていた宇治氏との出会いが大きい。2006年に設立し，初代社長に就任，2010年まで在任した。

質問2：コクヨにおけるハートランド設立承認経緯　本事業の承認を得るにあたり，コクヨの経営会議で4回程度議論したと記憶している。事業として成立することを前提に，コクヨにとり未知である食分野における安全性の確保について特に議論した。システム化された水耕栽培の特徴について理解を得ることで承認を得た経緯がある。

質問3：苦心した点　工程については，宇治氏が使っていたシステムと同

じものを導入した。当初は期待した生産量が確保できなかったが，障碍者への各工程への適合に対する工夫など改善を重ねていった。最も苦労したのは，野菜の販売先がないこと。当初は，いろいろな野菜を栽培しており，市場のニーズも手探りであった。そのうち，徐々に売れる可能性が高いサラダほうれん草に絞っていった。また，販売先は，スーパーなどコクヨで培った直販先開拓ノウハウを活用し，キーマンを見つけ徐々に開拓していった。

2.5 ハートランドの水耕栽培プロセス

ハートランドでは，主商品のサラダほうれん草の栽培から収穫，出荷に至るまで整備された工程ができ上がっている。出荷に至るまでには，①播種作業，②育苗作業，③栽培作業，④収穫作業，⑤出荷作業の５段階に大きく分けられる。各工程には，以下のような障碍をカバーするための工夫がなされている。

① 24時間コンピューター管理のハウス（全工程）

障碍者にはむずかしい温度管理を行うために，最先端のコンピューター設備を導入。

② 苗テラスの自動化（育苗工程）

苗をつくるための工程を，苗テラスの導入により自動化。苗テラスの主な特徴としては以下の３点。
・光，室温，湿度をコントロールし，発芽と育苗に最適な状態をつくりだす
・安定した生育条件で発芽率が通常より向上
・苗を均等に育てるため，出荷時の大きさのばらつきがない

③ Nutrient flow technique（栽培工程）

NFT 式とは，浅いつくりの栽培ベッドに，培養液を流して循環させるタイプの水耕栽培。作業をラクにし，よりよいほうれん草を育成。NFT 式の特徴は以下の３点。
・培養液の水深が浅いので，根への酸素供給が十分に行われ，栽培が容易で育成が早い

・ベッドが軽いので，作業しやすい位置に設置できる
・ベッドが浅いので，洗浄が容易

④　自動包装機の導入（出荷工程）

ほうれん草を袋詰めする機械を導入。

⑤　出荷ケースにマス目を入れる（出荷工程）

出荷ほうれん草を段ボール箱に入れるときに，数がわからなくなってしまうということがあったことを契機に，ケースのなかにマス目をつくった。1つのマス目にほうれん草を1袋立て，全部を埋めれば数がわかる仕組み。段ボール箱の大きさによって，30袋用，20袋用，10袋用のマス目付きケースを使い分ける。

写真出所：ハートランドホームページ

2.6　農作物商品化と販売プロセス

減農薬野菜の安全・安心をキーワードに，主力の農作物を，アクが少なく生で食べられるサラダほうれん草に絞り，スーパーや百貨店では，その料理法などをパンフレットとしてつけて販売することで付加価値を創出。さらに，サラダほうれん草を素材に使用したスープを開発し，社員食堂に導入している。

2.6.1　主力商品の絞り込み

安全・安心・おいしいサラダほうれん草として，ビタミンCや鉄分，カロチンが豊富に含まれるほうれん草の栄養価に加え，従来そのアクの強さから生では食べられなかったものを，そのアクを抜くことで生で食べられることや料理提案を添えて，スーパー，百貨店などの販売先を開拓した。

2.6.2　野菜を食べるスープとして商品化

自社で水耕栽培したサラダほうれん草などを使い，スープとして商品化に成功。まずはコクヨグループの社員食堂で導入され，リサーチが進められている。

■第3節 考　察

　本章は，事業構築を果たした企業が持続的成長するために，どのように新規事業の探索を行い，かつ活用との両立をどのように図っているのかを明らかにするものである。

　事例で取り上げたコクヨグループは，会計帳簿の表紙作成から文具，オフィス家具など周辺分野へその業容を拡大してきた企業である。その取り組みは「人がいやがる面倒で厄介なカスの仕事でも，お客様が喜んでいただけるなら自ら進んで積極的に取り組む」という経営理念の下，障碍者を積極的に活用してきた歴史がある。いっぽう，コクヨ社員であった仲井は，知的障碍者を活用した水耕栽培の農業に出会う。創業100年を超え今一度，創業精神に立ち返ろうというコクヨ経営陣の理解もあり，知的障碍者雇用を目的とした農業特例子会社ハートランドが設立される。世の中の人が進んでやろうとしない仕事，つまり社会的課題の解決を進んでやる。日本企業において進まぬ障碍者雇用もその一環であり，障碍程度が重度と判定されることの多い知的障碍者が働ける仕組みを創ることが，コクヨ創業理念に適うと判断されたのである。ここにおいて，障碍者雇用という社会的問題を解決しようという行動の情報，つまりソーシャルインパクト情報が，水耕栽培農業分野への進出のコンテクストとなった。つまり，コクヨグループにおける異分野新規事業の種は，障碍者雇用というソーシャルインパクト情報により方向性が示された探索により獲得されたことがわかる。

　水耕栽培に進出したハートランドは，知的障碍者が継続的に働くことを可能とする工程改善を実施し，さらに持続的成長を遂げるための戦略として，その商品ラインアップを見直し，高価格で売れるサラダほうれん草を主力とする。そして，サラダほうれん草を使った料理法などを顧客に示しながら，スーパー，百貨店などの独自販売網を開拓していく。現在では，スープなどのさらなる商品開発を実施しつつ，新たなビジネスモデルを構想している。それら工程改善，商品開発，販売戦略はすべてコクヨで培ってきた能力資源の活用である。その活用により，獲得した新規事業の種は事業として確立していくのである。

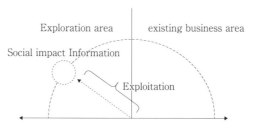

図6-1 持続的成長組織における「探索」と「活用」
出所：Kamei, Ohashi and Ichikawa (2015)

　持続的成長を遂げる企業は，環境的変化に耐えるべく常に探索活動を繰り返しつつ，一旦獲得した知については，Levinthal (1998) のいう既存技術の活用の積み重ねを通じて，そのプロセスに浸透させ，漸進的に改善を進めていく。その探索活動の誘因の1つがソーシャルインパクト情報である。企業はその誘因で生じた分化により，方向性を定めつつ新しい知を獲得し活用する。その循環のなかで活用と探索は両立する。以下図6-1にて，ソーシャルインパクト情報により方向が定められた事業における探索と活用について示す。つまり，ソーシャルインパクト情報を誘因として既存事業領域から新事業領域へと探索活動の方向性が定められ，その探索された領域について活用が進展することを示している。

■第4節　結　論

　事例分析を通じて，第一の仮説である障碍者雇用というソーシャルインパクト情報が，組織分化の誘因となり，その方向性を示す事と，第二の仮説である分化により新しい事業を発掘した組織が，その組織の既存資源ノウハウを通じ活用を進展させていくことが検証された。本章は，ソーシャルインパクト情報を組織分化の誘因として，探索と活用が両立するプロセスを提示し，持続的成長組織のあり方に一石を投じるものである。

■引用・参考文献一覧■

1. Eldredge, N. and SJ. Gould. 1972. "Punctuated equilibria: An alternative to

phyletic gradualism." In T.J. Schopt (Eds.), *Models in Paleobiology*, pp. 82-115, San Francisco, CA: Freeman Cooper &Co.
2. Kamei, S. and M. Ohashi. 2014a "Use of connections and architecture dynamics in small and medium-enterprises." *Journal of the Infosocionomics Society* 8(2), pp. 45-62.
3. Kamei, S. and M. Ohashi. 2014b "Use of connections and architecture dynamics in enterprises Employing disabled individuals." *Procedia Technology* 16, pp. 59-68.
4. Kamei, S., M. Ohashi, and M. Hori. 2015. "Social Impact Information as the Cause for the Formation of Ties in Enterprises." *Proceedings of 48th Hawaii International Conference on System Science*, pp. 2786-2793. March, J.G. 1991. "Exploration and Exploitation in Organizational Learning." *Organization Science* 2(1), p. 71.
5. Porter, E.M. and Kramer, R.M. 2011 "Creating Shared Value" *Harvard Business Review 2011 January*, Boston, CA:. Harvard Business Review Press.
6. Suzuki, O. 2014. "Examining boundary conditions of the trade-off relationship between exploitation and exploration." *The Japan Society for Science Policy and Research management* 33, pp. 73-87.
7. Tushman, M. L., P. C. Anderson, and C. O'Reilly. 1997. "Technology Cycles, Innovation Streams, and ambidextrous Organizations: Organization Renewal through Innovation Streams and Strategic Change." In Tushman, M. L. and Anderson, P.C. (Eds.), *Managing Strategic Innovation and Change*, pp. 3-23, New York, NY: Oxford University Press.
8. Levinthal, D. A. and J. G. March. 1993. "The myopia of learning." *Strategic Management Journal* 14, pp. 95-112.
9. Levinthal, D.A. 1998. "The slow pace of rapid technological change: Gradualism and punctuation in technological change." *Industrial and Corporate Change* 7(2), pp. 217-248.
10. Kamei, S., M. Ohashi, and H. Ichikawa, 2015. "Social Impact Information as an Activity Impetus of the Organizational Speciation." *Proceedings 19th Triennial Congress of the International Ergonomics Association*, The International Ergonomics Association, pp. 1-8.

第7章
考察―成長を遂げる企業の仕組み―

■第1節　振り返り

　ここで，あらためて第2章から第6章までの成果を振り返る。

　第2章では，知的障碍者雇用を通じて成長を遂げる企業とはどのような仕組みをもつのかについて，最終的な価値を創出する工程に着目し，アーキテクチャ概念にて客観的に記述することで分析を行っている。知的障碍者雇用で成功する事例3社から一般化を行っているものであるが，最初の事例であるスワンベーカリーにおいては，現場視察ならびに実際の工程立ち上げ担当者から詳細なヒアリングを行うことで，その工程がどのように改善され今に至るのかをアーキテクチャにて表した。いっぽう，ほかの2事例と比較分析することで，価値創造の最終アウトプットとなる最終製品やサービスがどのような顧客志向性をもつかで，適合する工程の姿が変容することを，差異として示したものである。結論としては，障碍者が活躍する現場工程は，障碍者が働き構築する中モジュラー工程と，健常者マネージャーが働き構築する外インテグラル工程の重層的構造を示していることを明らかにした（図2-14参照）。なお，本章では，製品アーキテクチャにおける戦略的ポジショニング・ポートフォリオマップを基に作成した，重層的工程アーキテクチャの効用を示す工程アーキテクチャ・マトリックスを，図2-7のとおり示している。

　マトリックスに照らし各企業の工程アーキテクチャを分析した結果，その重層的構造は最終製品やサービスにおける顧客志向性に適合する形で変容することも同時に明らかにしたものである。以下図2-13では顧客志向性によって適合する重層的アーキテクチャが変容する様子を，外インテグラル度の強さを×の太さで表現することにより示している。つまり，顧客志向が性能重視から価格重視となればなるほど，×の太さは細くなり外インテグラル度は薄れ，外モ

125

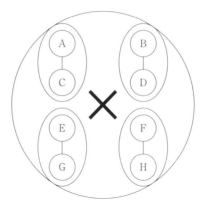

図2-14　障碍者が活躍する現場工程のアーキテクチャ
出所：亀井（2013）

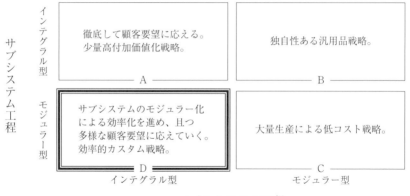

図2-7　工程アーキテクチャ・マトリックス
出所：亀井（2013）

ジュラー化していく様を示している。

　第3章は，第2章で述べた重層的構造プロセスのなかで，知的障碍者と健常者は一体どのような身体知の移転を行っているのかについて考察したものである。知的障碍者が現場で活躍することを通じ，事業を活発化させている企業事例を検証することで，その身体知の移転メカニズムを解明した。かつ，組織内における身体知の情報伝達の仕組みが，第2章で述べた知的障碍者と健常者が

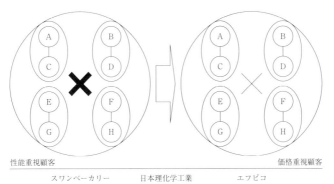

図2-13　顧客志向性による適合アーキテクチャ
出所：亀井（2013）

協働することで高付加価値と効率性を同時実現する工程デザインとどのような関係性をもつのかを考察した。本研究によって明らかになった点は，健常者と知的障碍者の「間身体」的な関係性を通して，健常者の身体知がメタ認知的言語化し，そのメタ認知的言語化された身体知は，健常者から知的障碍者へ移転され，健常者側に残った身体知と相互補完関係を維持すること。そして，健常者側に残ったいまだメタ認知的言語化されていない身体知は障碍者との間身体的関係を通じて，さらなるメタ認知的言語化が行われること。それらのプロセスを図3-4にて示している。さらに，知的障碍者活躍現場における身体知の相互補完関係は，その重層的工程アーキテクチャと整合していることを明らかにした（図3-5参照）。

　第2章で述べた顧客志向性に適合した重層的工程アーキテクチャを有する工程を構築し，一旦，障碍者が活躍することで企業を発展させる仕組みを構築した企業においても，外部環境の変化によって，その仕組み自体が優位性を発揮できなくなることが想定される。特に現在のような不確実な外部環境下においては，その可能性は高まっているものと思われる。企業が持続的成長を遂げるためには，新規事業創造を繰り返す継続的な成長メカニズムを企業に取り入れていく必要性がある。第4章ではどのように企業内にそのメカニズムを取り入

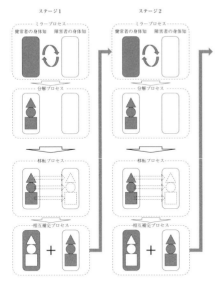

図3-4　健常者と障碍者の知の移転プロセスのステージアップ
出所：亀井・大橋・松野（2013）

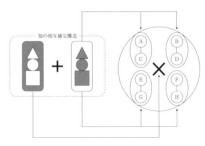

図3-5　健常者と障碍者の知の補完構造と「外インテグラル，中モジュラー」の重層的工程アーキテクチャとの整合性
出所：亀井・大橋・松野（2013）

れていくのかについて，その仕組みを紐帯とアーキテクチャのダイナミクスで示した。資源制約のある中小企業でありながら，新規事業を取り入れることで持続的成長を果たしている企業事例2社を用いて一般化したものである。中堅テントメーカーの事例から，当初オープンで弱い紐帯関係にあった外部資源と結びつき，徐々にクローズドで強い紐帯関係となり，工程においても，それまでモジュラーとして確立していたものが，外部との結びつきのなかで再構築されインテグラル構造となる姿が浮き彫りとなった。そして，クローズド・インテグラルなアーキテクチャを保有し強固となった紐帯関係は，次第に元のオープン・モジュラーなアーキテクチャとして弱い紐帯関係に回帰し，次の新規事業創造，イノベーションに向かっていくというプロセスを示すことを明らかにした。以上のイノベーション実現プロセスにおける紐帯とアーキテクチャの同期循環を図4-11では四段階プロセスで示している。

　第5章では，第4章にて明らかにした企業の新規事業創出プロセスにおける

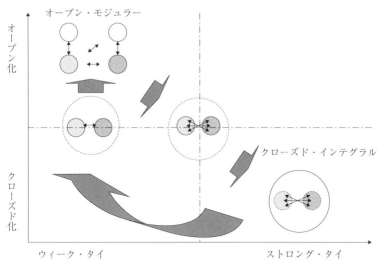

図4-11 ラディカル・イノベーションプロセスにおける紐帯とアーキテクチャの同期循環
出所：亀井・大橋（2014）

紐帯の動態的変化の端緒となる弱い紐帯形成の誘因として，障碍者雇用というソーシャルインパクト情報が有効であることを検証した。結果として，障碍者雇用というソーシャルインパクト情報は，イノベーションプロセス生起の端緒となる弱い紐帯形成の誘因として有効であることを示唆している。図5-1において障碍者雇用という「ソーシャルインパクト情報を誘因として，オープン・モジュラーなアーキテクチャを形成する弱い紐帯から，徐々にクローズド・インテグラルなアーキテクチャを形成しつつ強まる紐帯」を示す。

　第6章においてはその弱い紐帯形成誘因としてのソーシャルインパクト情報について，分化という概念をもとに掘り下げ，組織が持続的成長を遂げるために必要な「活用」と「探索」の両立のあり方を提示した。結論として，持続的成長を遂げる企業組織は，環境的変化に耐えるべく常に探索活動を繰り返しつつ，一旦獲得した知については，既存技術の活用の積み重ねを通じて，そのプロセスに浸透させ，漸進的に改善を進めていく。その探索活動の誘因の1つがソーシャルインパクト情報であることを明らかにした。また，組織はその誘因

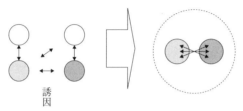

図5-1　ソーシャルインパクト情報をコンテクストとした弱い形成から徐々に強まる紐帯

出所：Kamei, Ohashi and Hori (2015)

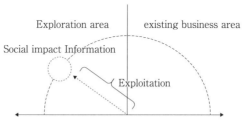

図6-1　持続的成長組織における「探索」と「活用」
出所：Kamei, Ohashi and Ichikawa (2015)

で生じた分化により，方向性を定めつつ新しい知を獲得，活用し，その循環のなかで活用と探索が両立することを提示している。図6-1にて，ソーシャルインパクト情報により方向が定められた事業における探索と活用について示す。つまり，ソーシャルインパクト情報を誘因として既存事業領域から新事業領域へと探索の方向性が定められ，その探索された領域について活用が進展することを示している。

■第2節　障碍者雇用を通じて持続的成長を遂げる企業の「活用」と「探索」

本書は，第2～6章までの5つの研究により，資源制約のある障碍者雇用を通じて事業構築を果たした企業がどのように事業を「活用」し，持続的成長を図るために新規事業の「探索」を行い，かつ両者の両立をどのように図っているのかを明らかにするものである。「探索」と「活用」については，Benner, M.J. and Tushman (2002) が，製品イノベーションとプロセス・イノベー

ションの関係を「探索」と「活用」の関係ととらえ，新しい着眼点を提供している。製品イノベーションとは，従来とはまったく違った発想で創られ新しい市場を切り開く製品のことをさし，つまりラディカル・イノベーションと同義と解釈できる。本書においては，第2章と第3章においてプロセス・イノベーション，つまり「活用」について，第4章と第5章においてラディカル・イノベーション，つまり「探索」について述べ，そして第6章において「活用」と「探索」の両立について言及してきた。

　第2章においては，障碍者雇用を通じて事業を構築する「活用」について工程に着目し，Christensen & Bower（1996）が示した「構造的分離」における資源制約上の問題点を回避しうるプロセス・アーキテクチャの重層的構造を提示した。また第3章においては，その重層的構造プロセスの運用をドライブする身体知移転のメカニズムを明らかにすることで，漸進的なプロセス・イノベーションの仕組みを提示した。いっぽう，第4章において「探索」について，Tushman, Anderson and O'reilly（1997）で述べられている組織の方向性転換を，ラディカル・イノベーションを生み出す源泉である新しい知を求めての紐帯とアーキテクチャの同期的循環プロセスとして進化させている。さらに第5章で述べたその循環の端緒となるソーシャルインパクト情報による誘因は，第6章にて，鈴木（2014），Levinthal（1998）で述べられている「分化」をもたらす起点であり，その「探索」活動の方向性を示すことを提示している。

　障碍者雇用を通じて持続的成長を遂げる企業は，環境的変化に耐えるべく常に「探索」活動を繰り返しつつ，一旦獲得した知については，Levinthal（1998）のいう既存技術の「活用」の積み重ねを通じて，そのプロセスに浸透させ，漸進的に改善を進めていく。その「活用」と「探索」の両立を可能とする仕組みが，第2章で述べたプロセス構造としての重層化にある。つまり，プロセスの漸進的改善を進める障碍者を中心とするモジュラー工程に対し，健常者マネージャーを核とするインテグラル工程は第3章で述べた身体知移転を通じそれらモジュラーを調整，統合化すると共に，「探索」活動として第5章，第6章で述べたソーシャルインパクト情報という紐帯の誘因を通じて，その方

向性を定めつつ組織間関係を構築し，第4章で述べたプロセスにて，そのインテグラル度を強弱させつつ新しい知を獲得し「活用」する。その循環のなかで「活用」と「探索」は両立することを第6章で示している。本書は，障碍者雇用というパースペクティブから，企業における持続的成長の仕組みを，「活用」と「探索」のあり方を通じて示したものである。

■引用・参考文献一覧■
1. Benner, J.M. and Tushman, M.（2002）Process management and technological Innovation: A longitudinal study of the photography and paint industries, *Administrative Science Quarterly*, Vol.47, No.4, pp.676-706.

第8章
結論―多様な人材を雇用する企業の持続的成長に向けて―

　本書第2～6章においては大きく4つの知見を創出している。
　第1点目として，知的障碍者雇用を通じて成長を遂げる企業の仕組みについて，障碍者が活躍する現場工程デザインを，障碍者が働き構築するモジュラー工程と，健常者マネージャーが働き構築するインテグラル工程の重層的工程アーキテクチャとして示し，その重層的アーキテクチャは最終製品やサービスにおける顧客志向性に適合する形で変容することを明らかにした。
　第2点目として，重層的アーキテクチャを示す現場工程デザインと整合的な知的障碍者と健常者の身体知移転メカニズムを，その間身体的関係性とメタ認知的言語化概念により解明し，身体知移転プロセスとして提示している。
　第3点目として，障碍者が活躍することで企業を発展させる仕組みを構築した企業においても，外部環境の変化によって，その仕組み自体が優位性を発揮できなくなることが想定されることに対し，イノベーションを繰り返し持続的な成長メカニズムを企業に取り入れていく仕組みを，紐帯とアーキテクチャ概念を用い，同期循環プロセスとしてダイナミックに示している。
　第4点目として，その循環プロセスの端緒となる紐帯形成の誘因として，障碍者雇用情報というソーシャルインパクト情報が有効であることを示唆している。
　本書全体のリサーチ・クエスチョンは，「障碍者雇用を通じて持続的成長を遂げる企業は，どのように事業の『活用』と『探索』を行い，且つ両者の両立を図っているのか」というものであった。本書における，顧客志向性に応じた重層的構造をもつアーキテクチャは，そのドライビングフォースとなる身体知移転メカニズムを通じ，知的障碍者と健常者が「活用」においてパフォーマンスを発揮し得る工程のあり方を表している。さらに，障碍者雇用というソー

シャルインパクト情報の誘因により紐帯を形成する「探索」活動から，そのアーキテクチャが紐帯の強弱と同期循環するプロセスにより，「活用」と「探索」がダイナミックに両立する仕組みを提示した。それはすなわち，本書の目的である「企業が障碍者雇用を通じて持続的成長を遂げていくための要因を一般化し，再現性を高めること」につながるものである。

　本書は，経営学，情報学，現象学の概念を用いた学際的研究から，障碍者雇用というコンテクストにおける組織の持続的成長のあり方について，1つの解を提供するものである。本書で明らかにした事業における「活用」と「探索」両立のメカニズムは，障碍者雇用企業のみならず，あまねく資源制約のある中小企業ならびに女性，シニアなど多様な人材を雇用する企業における持続的成長のあり方にも一石を投ずるものである。いっぽうで，本書は，障碍者雇用というパースペクティブをもちつつも企業の持続的成長に焦点を当てていることから，障碍者側からの視点についての考察が不十分である。障碍者視点を内包した持続的成長に関する社会デザイン分析については，今後の課題と認識している。

謝　辞

　本書は，これまで国内外の学会で発表した論文ならびに2015年3月に中央大学にて受理された博士論文が基礎となっている。研究者としての第一歩を踏み出した5年前から同じテーマを追ってきたが，本書はその研究成果をまとめたものである。

　本書が出版に至るまでは，本当に多くの方々からご指導やご支援を賜った。恩師であり，中央大学大学院博士後期課程の指導教授である大橋正和先生には，情報学からのパースペクティブをご教示いただいただけでなく，このテーマに関する幅広い知識を授かった。仕事との両立で，時に挫けそうになる私を常に温かく見守ってくださった大橋先生への感謝の念は筆舌に尽くし難い。また，法政大学大学院の坂本光司先生ならびに多摩大学名誉教授の望月照彦先生には，大学院修士課程において，たくさんの企業の視察を通じ本テーマに着目する契機をお創りいただいた。修了後も変わらずご指導いただき，本書においてもその研究を大いに活用させていただいた。心より感謝申し上げたい。また，中央大学名誉教授の林昇一先生，中央大学の花枝英樹先生と青木英孝先生には，博士論文の作成にあたって手厚いご指導をいただいた。

　中央大学大学院博士後期課程時代には，多くの先生，先輩や仲間から，研究者としての心構えについて教えていただいた。全員のお名前を挙げることはできないが，中央大学の松野良一先生，白鴎大学の堀眞由美先生，そして大妻女子大学の市川博先生には，大学院時代を通して貴重な助言や研究上の良い刺激をいただいた。心より感謝申し上げたい。

　また，本研究を進めるにあたり，多大なご協力を賜った株式会社スワン様，株式会社ダックス四国様，日本理化学工業株式会社様，株式会社もちひこ様，ベン＆ジェリーズ・ジャパン様，ハートランド株式会社様には厚く御礼を申し上げたい。

出版に際しては，学文社編集部の二村和樹氏には，昨今の厳しい出版事情にも関わらず，本書の出版をお引き受けいただいただけでなく，本文を丁寧に読み込まれ，適切なコメントをいただいた。心より御礼申し上げる。

　最後に，温かく見守ってくれた家族，同僚，友人に深く感謝したい。

　2016年2月吉日

亀 井 省 吾

索　引

CFP　　18, 19
CSP　　18, 19
CSR　　17, 18, 103
CSV　　5, 103, 109
Nutrient flow technique（栽培工程）　119
PDCA　　29, 33, 60
PDCA サイクル　　27, 28, 33, 54, 55, 57, 60

■あ行■

アーキテクチャ概念　　5, 12-14, 17, 18, 24, 25, 79, 133
アーキテクチュラル・イノベーション　　22-24, 26, 33, 34, 38, 41, 43, 69
アーキテクト　　25, 44
アライアンスプロセス　　71
暗黙知的要素　　52
一時的競争優位　　70, 76
一般化　　10-12, 14
移転プロセス　　64
イノベーション　　33, 71, 72, 74, 103, 128, 133
イノベーションプロセス　　113, 129
イノベーション要因　　24
イノベーション探索プロセス　　15
イノベーション要因　　19
インクリメンタル　　74, 77
インタンジブル　　11, 14
インテグラル　　22, 24, 25, 33, 41, 44, 46, 60, 70, 73, 77, 78, 97, 110
インテグラル型（擦り合わせ型）　　21, 22, 32
インテグラル構造　　38, 43, 60, 128
インテグラル（擦り合わせ）工程　　25, 33, 44, 45, 49, 51, 58, 63, 66, 96, 131, 133
インテグラルプロセス　　17
ウィーク・タイ　　97
オープン　　70, 73, 74, 77, 78, 94, 104, 109, 128
　──な関係性　　69, 110
オープン・アーキテクチャ　　73
オープン・イノベーション　　72, 77
オープン化　　96
オープン・ダイナミクス　　71

オープン・モジュラー　　97, 98, 128, 129

■か行■

外インテグラル，中モジュラー　　17, 33, 35, 36, 38, 43, 44, 46, 49, 58, 63, 64
価値創造　　77
活用　　5, 10-12, 14, 113, 114, 130, 132, 133
「活用」と「探索」の両立　　5, 11, 13, 15, 113, 114, 129, 131
関係特定的知識　　71
間身体性　　50-52, 59, 60, 63
間身体性概念　　5
間身体的関係　　127
間身体的な関係性　　12-14, 49, 52, 63, 64, 66, 127, 133
企業価値向上　　19
企業の生存率　　8, 9
機能体系　　21
共通感覚　　50
共同化の場　　50
繰り返し過程　　60
繰り返し工程　　33
クローズド　　69, 70, 74, 78, 96
　──な関係性　　110
クローズド・インテグラル　　128, 129
クローズド・インテグラル化　　97, 98
経営資源　　74
結節点　　74
言語的思考過程　　51, 52
現象学　　50
現象学領域　　12
現場工程　　13
構造的分離　　12, 14, 131
工程アーキテクチャ　　13, 14, 17, 21-23, 31-33, 35, 36, 38, 41, 42, 49, 52, 53, 61, 64, 67, 72, 79, 97, 98
工程アーキテクチャ・マトリックス　　14, 17, 35, 38, 41, 42, 125
工程改善　　24, 41, 42
工程構築　　13, 14, 54

137

工程デザイン　25, 49, 51, 53, 58, 62, 127, 133
工程要素　21
高付加価値化　25, 43, 45, 69, 127
効率化　25, 45, 59, 69
効率性　44, 127
効率的カスタム戦略　36, 44
顧客志向性　17, 25, 26, 43, 44-46, 125, 127, 133
工程設計　22, 31
コーポレートアライアンス　71
コミュニケーション　19, 59, 60, 74
コンテクスト　15, 74, 77, 103-105, 110, 113, 121

■さ行■

再現性　10-12
サブシステム　33, 35, 36, 44, 60, 63, 72, 73
事業構築　11, 12
資源制約　5, 12-14, 76, 79, 128, 131
持続的成長　5, 9, 10-14, 69, 113, 115, 121, 122, 128-131, 134
持続的な成長メカニズム　133
持続優位性　76
自動包装機の導入（出荷工程）　120
社会的課題解決　5
社会的責任　19
社会デザイン　134
重層化の効用　24
重層的構造　14, 24, 25, 125, 131
重層的工程アーキテクチャ　14, 17, 43, 44, 49, 51, 58, 63, 64, 66, 125, 127, 133
主観的身体な暗黙知　50
出荷ケースにマス目を入れる（出荷工程）　120
循環性　104
障碍者雇用　5, 8, 10-15, 19, 20, 24, 37, 104, 109, 110, 111, 115, 116, 122, 129-131, 133, 134
障害者雇用率　7
情報学領域　12
新規事業創出プロセス　13, 14, 78, 79, 103, 104, 110, 113, 114, 128
身体感覚　50

身体共感　50
身体知移転プロセス　61, 64
　　──のステージアップ　61, 63, 64
身体知移転メカニズム　133
身体知の移転プロセス　13, 49, 51, 54
身体知の獲得プロセス　51
身体知の分節点　60
身体知の補完構造　66
スモールワールドネットワーク　75-77
擦り合わせ　33, 34, 35, 72
生産工程　22
製品アーキテクチャ　21, 22, 24, 31, 72, 73, 125
製品イノベーション　130
製品機能　22
製品機能要素　21
設計情報　20, 21, 38
設計要素　21
設計要素間の結合関係　21
漸進的　10, 11, 113, 122, 129, 131
漸進的プロセス　51, 52
全体システム　33, 38, 45
相互依存関係　23, 72
相互依存性　25, 71
相互依存的　22, 59
相互主観性　50
相互補完関係　49, 52, 53, 64, 67
相互補完プロセス　64
創造的破壊　74
組織学習　11, 12, 113, 114
組織間関係　73, 76
組織間協働　71, 77
組織間事業創造　14
組織間相互依存　73, 77
組織間の紐帯　70
組織構造　5, 12
組織資源　12
組織の存続と繁栄　11, 113
組織の方向性転換　11, 14, 114, 131
組織の両義性　11, 114
ソーシャルインパクト情報　13, 15, 103, 104, 109-111, 114, 115, 121, 122, 129-131, 133-134

■た行■

対応関係　20, 22, 31, 96
ダイナミクス　14, 15, 128
ダイナミクス転換　77
ダイナミックプロセス　79
他者と癒合した状態　50, 51, 59, 63
脱分化　76-78
多能工　33, 59
多能工化　59
多様性　11, 113
探索　5, 10-12, 14, 75, 76, 79, 113, 114, 121, 122, 130, 131-134
探索活動の方向性　114, 122
探索誘因　115
知的障碍者雇用　8, 9, 13, 125, 133
紐帯　13, 14, 111, 113, 134
　――の強弱　14, 98, 134
　――の強弱変化　70
紐帯概念　5, 12
紐帯形成　109
同期循環　96, 110, 128, 134
同期循環プロセス　15, 131, 133
統合　5, 49, 58, 60, 62, 66, 73, 74
統合化　131
統合化段階　23
同時実現　127
動態的変化　79, 104, 110, 113, 129
トレードオフ　12, 114
トレードオフ関係　11

■な行■

内部観察的思考　51, 52
苗テラスの自動化　119
24時間コンピュータ管理のハウス（全工程）　119
認知過程　51, 52
認知限界　25
認知的手法　51
ネットワーク　72, 74, 75, 77, 78

■は行■

標準化　11, 28, 32-34, 59
標準化ノウハウ　29

付加価値の源泉　13
不確実　127
不確実性　5, 10, 11, 13, 69, 72, 74
プログラマ　25, 44
プロセス・アーキテクチャ　131
プロセス・イノベーション　131
分化　5, 11-15, 113-115, 122, 129-131
分解プロセス　53, 64
「分化」と「統合」　5
分散志向　11, 114
分節化　51, 52, 59, 63, 64
平均志向　11, 114
法定雇用率　6
ポジショニング　38, 41, 42

■ま行■

ミラープロセス　52, 64
メインシステム　63
メインシステム工程　35, 36
メタ認知的言語化　49, 51, 52, 59, 60, 63, 64, 66, 133
メタ認知的言語化概念　5, 12, 13, 14
メタ認知的言語化要素　52
モジュール　25
モジュール化　33, 74, 94, 96
モジュール型　73
モジュラー　24, 25, 38, 41, 63, 70, 78, 96, 128
モジュラー（モジュール）化　21, 23, 33, 36, 41, 43-45
モジュラー型（組合せ型）　21
モジュラー工程　25, 43, 45, 46, 49, 51, 58, 60, 62, 63, 66, 94, 96, 131, 133
モジュラープロセス　17

■や行■

誘因　13, 15, 103-105, 109-111, 129-131
弱い紐帯　75, 94, 104, 110
弱い紐帯関係　109, 128
弱い紐帯形成　13, 15, 103, 111, 113, 129

■ら行■

ライフサイクル　70
ラディカル　74, 77

索引　139

ラディカル・イノベーション　74, 78, 96, 98, 103, 110
ランダムなリワイヤリング　75, 76

ルール化されたインターフェイス　21
レギュラーなネットワーク　75
ロング・タイ　97

［著者略歴］

亀井　省吾（かめい　しょうご）
　　中央大学大学院総合政策研究科博士後期課程修了。博士（学術）。
　　産業技術大学院大学産業技術研究科特任准教授，多摩大学大学院経営
　　情報学研究科客員教授，大妻女子大学家政学部非常勤講師。東京海上
　　火災保険株式会社，投資銀行等を経て現職。
〈主要論文〉
　「知的障碍者活躍現場の工程アーキテクチャ」『情報社会学会誌』Vol. 8,
　　No. 1, 2013.
　「知的障碍者が活躍する生産現場における身体知移転プロセス」『情報
　　文化学会誌』Vol. 20, No. 2, 2013.
　「中小企業における紐帯活用とアーキテクチャ・ダイナミクス」『情報
　　社会学会誌』Vol. 8, No. 2, 2014.

障碍者雇用と企業の持続的成長
── 事業における「活用」と「探索」の考察 ──

2016年4月5日　第1版第1刷発行

著者　亀井　省吾

発行者　田中千津子　〒153-0064　東京都目黒区下目黒3-6-1
　　　　　　　　　　電話　03（3715）1501 代
発行所　株式会社学文社
　　　　　　　　　　FAX　03（3715）2012
　　　　　　　　　　http://www.gakubunsha.com

ⓒ Shogo KAMEI 2016　　　　　　　　　印刷　亜細亜印刷
乱丁・落丁の場合は本社でお取替します。
定価は売上カード，カバーに表示。

ISBN 978-4-7620-2598-3